知道做到

自学的科学

The Science of Self-Learning:

How to Teach Yourself Anything,
Learn More in Less Time,
and Direct Your Own Education

[美]彼得·霍林斯（Peter Hollins） 著

王正林 译

乔 飞 审订

Pete Hollins

中国科学技术出版社

·北　京·

The Science of Self-Learning: How to Teach Yourself Anything, Learn More in Less Time, and Direct Your Own Education

Copyright © 2019 by PKCS Media, Inc.

Simplified Chinese edition copyright © 2022 by **Grand China Publishing House**

Simplified Chinese translation rights arranged with PKCS Media, Inc.through TLL Literary Agency

All rights reserved.

No part of this book may be used or reproduced in any manner whatever without written permission except in the case of brief quotations embodied in critical articles or reviews.

本书中文简体字版通过 **Grand China Publishing House（中资出版社）** 授权中国科学技术出版社在中国大陆地区出版并独家发行。未经出版者书面许可，不得以任何方式抄袭、节录或翻印本书的任何部分。

北京市版权局著作权合同登记　图字：01-2022-0176。

图书在版编目（CIP）数据

知道做到自学的科学 / （美）彼得·霍林斯著；王正林译 . -- 北京：中国科学技术出版社，2022.7

书名原文：The Science of Self-Learning: How to Teach Yourself Anything, Learn More in Less Time, and Direct Your Own Education

ISBN 978-7-5046-9512-3

Ⅰ . ①知… Ⅱ . ①彼… ②王… Ⅲ . ①自学 - 学习方法 Ⅳ . ① G791

中国版本图书馆 CIP 数据核字 (2022) 第 063117 号

执行策划	黄　河　桂　林
责任编辑	申永刚
策划编辑	申永刚　陆存月
特约编辑	张　可
版式设计	王永锋
封面设计	东合社·安宁
责任印制	李晓霖

出　　版	中国科学技术出版社
发　　行	中国科学技术出版社有限公司发行部
地　　址	北京市海淀区中关村南大街 16 号
邮　　编	100081
发行电话	010-62173865
传　　真	010-62173081
网　　址	http://www.cspbooks.com.cn

开　　本	787mm×1092mm　1/32
字　　数	108 千字
印　　张	6
版　　次	2022 年 7 月第 1 版
印　　次	2022 年 7 月第 1 次印刷
印　　刷	深圳市雅佳图印刷有限公司
书　　号	ISBN 978-7-5046-9512-3 / G·948
定　　价	59.8 元

（凡购买本社图书，如有缺页、倒页、脱页者，本社发行部负责调换）

致 中 国 读 者 信

Dear Chinese Readers,

Use my book as a guide to improve yourself and achieve the life you want. The ability to learn is truly what will allow you to overcome all the obstacles you'll face.

Right now, we are all at Point A in one way or another. Use this book to get to Point B in the quickest, most efficient manner possible.

Dedicated to your success,
Pete Hollins

Pete Hollins

亲爱的中国读者：

希望我的这本书能指导你们提高自己，从而拥有你们想要的生活。学习能力将帮助你克服所有的障碍。

现在我们都以这样或那样的方式停留在 A 点，利用这本书，你们将以最快、最有效的方式到达 B 点。

祝你们成功！

彼得·霍林斯

跨越"知道学习方法"与
"做到自学成才"之间的鸿沟

高 静

"静界读书"创始人和品牌推广者
国家二级执业心理咨询师
深圳职业能力建设专家库专家

在这个"信息爆炸"的时代，新知和新概念层出不穷。许多概念看似高深莫测，实则不明就里，很难深入人心，甚至会让我们陷入"知识诅咒"的认知陷阱。为什么过多的新知反倒成了负累？因为相比"知道"这些概念和新知的含义，我们更需要的是如何"做到"让知识落地，内化为我们的执行力。

在《知道做到》（*Know Can Do!*）一书中，作者肯·布兰佳（Ken Blanchard）一直在提醒我们：知道容易，但做到难。他在书中还归纳了三个影响"做到"的行动障碍，第一个是"信息过载"，第二个是"消极过滤"，第三个是"缺少跟进"。那么如何跨越"知道"与"做到"之间的鸿沟呢？他提供了一把万能钥匙，那就是"间隔性重复"。这把钥匙，如天方夜谭中的"芝麻开门"一般，带给过很多读者希望的光。

但为什么依然会有很多人无法"知道做到"？为什么"间隔性重复"也会在某些时刻，成为一句无足轻重的答案？原因只有一个——缺少自学的动力。

自学是一场独角戏，是一场与自我斗争的苦战。没有外在的驱动力，只能靠内在精神、信念以及目标感来驱动。这份内在驱动是"做到"的真北，它不来自外化的术，而来自内心的道。

只有我们发自内心地相信，并且积极主动地执行，我们才会通过自学打破自我的局限，攀上"知道"的坡，最终披上"做到"的袍。坚持信念，我们自然会按理想的方式迈进，不论是运用《知道做到自学的科学》书中的 SQ3R 阅读法，还是康奈尔笔记法，都是对自我信念的试炼。

自学的动力越强，获得的成果就会越具体。所有不具体的烦恼，都是因为没有具体的行动。而没有具体的行动，都是因为有着太多不具体的想象。学习规划"认知早起"，不是为了让我们躺在床上"知道"日行千里，而是学会从具体的行动开始，让"做到"向前一步。正如费曼学习法能够把复杂的事情简单化。

这本书将《知道做到》中的概念升维成"自学的科学",足见自学的不易。但它也是一次对自学的勇敢探索。它以不同的角度提醒正在阅读的你,自学不是让我们"知道"更多,而是让那些"做到"有迹可循,有法可依。

美国通用电气公司(General Electric Company)首席执行官杰克·韦尔奇(Jack Welch)的故事更直接地体现了"知道做到"对人影响之深远。杰克·韦尔奇应邀来中国讲课,一些企业管理人员听完课后,失望地问:"你讲的那些内容我们都知道,可为什么我们之间的差距那么大呢?"杰克·韦尔奇听后回答:"那是因为你们是知道,而我是做到了,这就是我们的差别。"

知道是术,做到是道。所有的术都建立在道的基础之上,而所有的道都须基于信念。信念才是光照进来的地方。

实现跳级式成长，只需找对学习方法！

孙路弘

营销及销售行为专家，高级营销顾问
《销售与市场》特邀专栏作者
北京大学国际工商管理硕士班客座教授

找老师是件多不容易的事！我 11 岁时，问妈妈一道数学题：

妈妈："我不知道，你去问老师。"

我："问过了，老师说上中学才讲呢。"

妈妈："那你就等到了中学再学。"

我："给我找一个中学数学老师吧，我要问这道题。"

妈妈答应了。然而一周过去了，她也没有带我去见老师。一天晚上，妈妈拿来一本书，我一看，原来是一本初中数学教材。她对我说："我给你找了老师，这个老师以后可以随叫随到，他以后就用这本教材给你讲课。"我满腹疑问："教材有了，老师究竟在哪里呢？"妈妈指着我说："你就是自己的老师。"

《知道做到自学的科学》就是一本给你请老师的书，并且请的还是随叫随到的老师。从我与妈妈的这段对话后起，我大约用了一年的时间，把初中数学的教材都学完了。我看到这本书时，心中先是感觉到惊奇，随后有一点失落。惊奇的是，高效自学的能力真的不止我一个人拥有啊！失落的是，我自以为的独门绝技，真的就这样世人皆知了。这样的话，多少人会在掌握这个技能后，变成自己随叫随到的老师？！

从那以后，我在学习上一路猛进。初中时，我自学了高中数学以及大一的高等代数；上大学后，我又自学了《儿童心理学》《犯罪心理学》《儿童教育学》。只要是我感兴趣的，我都会找来一本专业书，用差不多一个月时间自学，就可以比肩这个专业的大一本科生水平了。

凭着随叫随到的老师，我进入了企业管理咨询公司，并敢于接手任何项目。哪怕是从来不了解的啤酒行业，我也能在一个月内就成为啤酒行业专家，当时我写出的几万字项目方案推荐规划书，只经啤酒企业严格落实一年，就成了啤酒行业的市场操作手册。

这样的例子在我进入企业管理咨询公司后比比皆是。

学习，就是一位随叫随到的老师，而且适用于任何行业，任何水平的人都能做到，你可以是小学老师，也可以是研究生导师，你学习的学科可以是数学，也可以是企业管理，或是任何你自己有兴趣的学科。随着学习的日积月累，你的这位老师的资历也会越来越深，他不仅博学，还见解独到。最重要的是，这位老师适应你的节奏，紧跟着你的步伐，坚定地推动你走向自己既定的目标。

我拥有自学能力的过程细节，都可以在这本书中找到类似的。例如，"动机3.0：引导学习的第三种驱动力"这一小节，便让我回想起自己在学习数学过程中遇到怎么都不理解的段落时的苦恼、怒火。此外，"SQ3R法：跳出'预习—复习'的旧循环"这一小节是让我一路过关斩将的最佳武器；"专注力培养：有目的地游戏和休息"也是让我心领神会的一个小节，这一内容简直就是我自身经历的再现。

从《知道做到自学的科学》开始，试着与你的这位老师预约学习，看看第一堂课程如何展开。

乔 飞

资深媒体人，10 年电台主播
深圳作家协会会员
深圳戏剧家协会会员

　　我叫乔飞，是 FM106.2、FM94.2 的电台主播，在深圳广播电视台的海外教育栏目《乔飞出国攻略》做主持人。其实在从事这份工作很久之前，我已留学奥地利和德国多年，所以才会对海外教育这块有了一定体验和理解。

　　回国后很长的一段时期，我都在教德语，从启蒙德语到 AP（美国大学预修课程）德语都有教授。前几年我也经常去奥地利和德国，与当地人闲话家常。正因如此，我的很多学生或旁人总说我有语言天赋。可如果你付出的努力确实远多于天赋，那么别人说起天赋的时候请不要买账。

　　我是 2002 年上高中时准备出国的。早在 2000 年，我所在的实验中学便开设了外教课，每周一次，但我记得班上只有我愿意下课后抓着外教聊天，而其他同学都忙于应付考试，想着怎么完成英语作业。对他们来说，中学英语不用考核口语，也就不必那么认真对待。在语文方面，记得距离出国只有半年的时候，我已经基本不交语文作业了。老师觉得奇怪，催了我几次。一个月之后，我特意将几篇数万字的小说送去办公室。老师读完非常感动，说我的作品勾起了他想要自己写作的欲望。实际上，我的中文写作习惯延续到了留学期间：在奥地利的高中生活促成我在20岁前出版了自己的第一本书——《行走无疆》。

作为一个长期保持自学习惯的人，读到彼得·霍林斯《知道做到自学的科学》里提供的自学方法，便觉得和我自身的经验不谋而合，于是我欣然接受本书的审订工作，并为本书每一章的内容进行解读。如果我的解读能助你更深入地理解"如何自学"，找到适合自己的学习方法，那真是再好不过了。

第 1 章　知识焦虑归因，让学习认知落地 1

学习是助我们向上的工具，而不是维持原状的枷锁

我们正从"学历时代"迈向"学力时代"，自学能力的培养不再依附于传统教育。开放图书馆的专业书籍、学习网站上下载的免费资源包、知识付费平台的庞大数据库看似触手可得，信息隔阂不复存在，你我却越发感到知识的匮乏。

第 2 章

4 项信息处理能力训练，把知识吃透　　31
想要发展硬实力，先掌握学习的软技能

当今，知识经济迅猛发展，数字文化渗透社会生活，多元的观念层出不穷。你紧盯着闪烁的屏幕，迫切地想要获取一切有价值的信息，却在一次次会议和讨论中输出失败，对自己的学习能力丧失信心。其实，信息的获取仅仅是第一步，能准确地、创造性地处理信息才是学习的必备技能。

第 3 章

4 大高效阅读技巧，让思考升维

既然贪多嚼不烂，那么阅读更要讲究策略

事无巨细的阅读耗时耗力效率低，"打卡式"阅读浅尝辄止质量低。而快节奏的生活、碎片化的时间、多任务并行的工作无疑对学习的效率和质量提出了更高的要求。你需要在激活脑力的基础上采取高效阅读的方法，垂直深入知识领域，拓展成长的边界。

大数据和人工智能等技术发展使得"数据主义"盛行，我们被困于信息茧房，被动地消费知识。想要突破算法的统治，不只清晰的学习规划和系统的底层认知。面对有效和无效信息混杂的世界，把握学习的主动权，才能把握人生前进的方向。

第 1 章

The Science of Self-Learning

知识焦虑归因，让学习认知落地

学习是助我们向上的工具，而不是维持原状的枷锁

我们正从"学历时代"迈向"学力时代"，自学能力的培养不再依附于传统教育。开放图书馆的专业书籍、学习网站上下载的免费资源包、知识付费平台的庞大数据库看似触手可得，信息隔阂不复存在，你我却越发感到知识的匮乏。

以自学为目标去接触学习材料，能让你以一种独一无二的学习方式从入门走向精通。通常，不管你的老师多么优秀或教材多么经典，你只有溜去看看同一领域的其他书籍或视频，才会发现单从老师或教材中学到的不过是冰山一角。

我们大多数人，或者至少是我们的父母，都还记得 20 世纪教育的样子。那个时候，帮助人们易如反掌地获取信息的高科技尚未问世，或者至少不那么普遍。你必须在教室、实验室、研讨会等制度化的环境中学习，并且参加野外考察。你还可能在职业学校或夜校中学到其他技能。在那个时候，若是你想再学点什么，就必须付出大量的努力。

想一想百科全书曾经是怎样大受欢迎和广泛传播的，你就会明白学习的不易。那时的人们几乎没有其他方式来查找信息或自学。你会发现获得知识和了解自己感兴趣的东西是件多么艰难的事，靠自己进行学习的人仿佛进入了黑暗时代。

在所有这些沉闷的传统环境中，总会有人预先决定我们该学些什么。他们是什么人？他们是学校董事会的成员、家庭教师或者我们的家人。学习使得我们身处一种"自上而下"的关系之中，我们自身处于"下方"，"上方"则是我们正在寻求的知识的拥有者。在大多数领域，人们认为与那些已知的或公认的教育资源相比，自学并不那么正规。要想进入专业领域或者得到他人的正面肯定，你必须通过适当的渠道来获得教育，并且取得相关学历证书。这些证书会告诉人们，你很有学识。如果把学历证书比作敲门砖，那么不论走到哪扇门前，总会有看门的人阻止那些没有学历的人进门。

谢天谢地，到了 21 世纪，这一切都发生了改变。自学变得蔚然成风。学生们将自己的学习范围扩展到过去只在大学里才能接触到的领域，而且他们的学习内容远远超出了课程范围。互联网为能够上网的人开通了一条获取信息的广阔渠道。真正想要学习历史、科学、艺术、商业、技术或者文学的人，都可以通过在线资源开启全面的学习。

学生们可以用自学来对传统的学习做出补充，或者自主安排想学的课程，以达到心中的目标。如今某些商业领军人物甚至没有拿到必须在学校获得的学位。

尽管自学只是正规教育的补充，但它仍然非常了不起。事实上，它比严格控制学习内容和学习方式的学校教育增添了更强的个人激励与更多的投入，因为自学的时候，我们不仅在引领自己，也在激励自己。我们通常在完全不熟悉的领域中学习，试图从那些对我们来说完全陌生的学科中寻找意义并获取知识。而且，我们会经常怀疑自己做的事情是否正确。

无论你选择的是什么学科，本书将帮助你成为一位专注、坚定、敏捷的自学者；它将引领你寻找学习的灵感，制定学习计划，养成良好的学习习惯，并且助推你的学习过程。我希望你可以灵活运用本书为你提供的原理和技巧，去学习任何你感兴趣的课程，也期待本书可以帮助你找到更多你想学习的科目。

自学得益于一种良好的心态，这种心态在传统的教育机构中并不常见；但事实证明，在除了教育以外的诸多其他领域，它都是一项巨大优势。这种心态就是自学成才者（autodidact）的心态。

最简单地说，自学成才者就是自我教育者。你也许已经立志做这样的人。这些人掌握了完整的教育方法——从学习的开始到学习的结束，从最初的兴趣到最终的实施。他们渴望接触广泛的科目，且不仅仅局限于那些自己拥有最大热情去掌握的内容，同时，他们也对从头开始学习新的知识与技能满怀激情。他们游刃有余地使用学习需要的所有工具：书籍、视频、播客、在线课程，甚至是实地研究。自学成才者觉得他们往往在同一时刻既是老师又是学生，并且对此感到坦然和自在。

任何人都可以成为自学成才者，这不受年龄、性别和背景的限制。做一名自学成才者，你只需要积极主动地寻求新知识，并且为头脑装备鉴赏能力和评估能力。自学成才者会受到获取新知识这一强烈愿望的驱动。当他们精心安排时间，全神贯注并且百倍努力地学习时，他们最为成功。若是他们拥有强大的记忆力，能够将自身的学习拓展到正规教育以外的其他领域，他们通常会变得格外高效。

　　这是一种可以培养的技能。尽管起初并不容易，但自学成才者的心态可以将自学能力提升到更高层次。为此你必须完全沉浸在新的知识中并且达到专家的水准，即使你不得不硬着头皮这样做。

如何激活你的学习力？

　　我们每个人都或多或少拥有一些制度化学习的经历，这对我们很重要。我们有些人在高中和大学期间获得了良好的学习经验，另一些人则可能学得比较吃力。我们都需要经历传统的学校教育，因为无论我们在学校里是学霸还是学渣，这种教育都为我们成年后的生活打下了基础。

　　换句话说，传统教育的某些因素可能是进行真正学习的障碍。这些因素并不总是负面的，但它们之所以成为学习的障碍，与学生本人关系很大。几位备受尊敬且学有所成的人士，包括著名作家马克·吐温（Mark Twain）和杰出的科学家阿尔伯特·爱因斯坦（Albert Einstein）（两人都是富有传奇色彩的自学成才者）都表达过他们对传统教育方式的质疑。尽管他们的批评并不是全部正确的，但在某些情况下绝对有道理，而且是支持自学的合理论据。归结起来，传统教育导致学习障碍的因素包括：

传统教育从心理上限制学生。在传统教育中，老师希望你总是能够聚精会神、有的放矢。即使你不能把自己的全部精力都用在学习上，至少也要集中大部分的精力在这上面。

从某种程度上来说，在传统学校，学生哪怕是抓紧短短几分钟的空闲时间来放松一下，也会在老师或父母的责备下感到内疚，认为自己不负责任。例如，你会自我暗示，化学期末考试迫在眉睫，我怎么还有心思来观看这部两小时的冷门电影呢？这是传统教育引发的众多问题中的一个，而我们对待这类问题时，往往都只会一刀切。

传统教育经常将恐惧作为动力。老师总是会说，如果你不努力学习，不按照学校或大学的标准取得成功，你就没有未来。从我们的孩提时代起，大人就常常告诫我们，假如不遵循传统教育的要求，也就是说，如果我们不埋头苦读 18 年，然后拿到学位，就会落得穷困潦倒、失败不堪的下场，在社会边缘过着可悲的生活。

用恐惧作为动力显然是有问题的，因为它完全不起作用。我稍后会解释个中缘由。当然，孩子们可能还无法以其他方式来理解学习动机，但我们也确实有别的方法来激励他们。

传统教育限制甚至摧毁了创造力。在学校里，你必须按照老师说的去做，没有任何回旋余地。你的课程是别人为你选择的；教材是指定的；教材、实验和资源都是按照一些早已准备好的列表来安排的。你不能脱离它们，你得到的只有一种答案，而且大多数时候也只有一种方法教给你。

老师告诉你，要以具体、特定、不可更改的方法来处理某类问题。即使通过创造性地思考和主动调查，你能够更好地理解某个概念，你也要按照老师告知的方式去理解。事实证明，这种复杂的挫败感，要么会让你对课程失去兴趣，要么根本就没教会你任何东西，而且通常情况是两者兼有。

传统教育会让你思想狭隘。美国常青藤盟校理应享有盛誉，但坦率而言，他们经常根据"谁是从正当渠道进来的""哪些人理应获得哪些东西"等标准来制造社会等级。当然，这种现象不仅局限于排名靠前的大学。传统教育氛围下诞生的文化告诉我们，真正的道路只有一条，那就是权威们为我们选择的道路，其他的道路都是歪门邪道。当我在四年制大学获得社会学学士学位后，怎么会有人能够和我做同样的工作呢？其实，没什么不可能。

传统教育实际上妨碍了未来的学习。经过 20 年的填鸭式教育之后，也就是说，在历经数万小时的授课、阅读、理解和事实积累之后，你几乎已经习惯了不采用其他任何方式来学习。你甚至想象不出还有另一种学习方式，更不用说能够自己使用它了。你认为学习就是坐在那里吸收知识，然后展示出你已经吸收的知识。

很多学生体会到制度化的学习在很大程度上让他们精疲力竭，以至于他们毕业后，最不想做的事情就是学点东西。有的学生因为在教材之中埋头苦读而深感疲惫，甚至一想起消遣式的阅读，也会感到厌烦。当你在一生中整整四分之一的时间里，忍受着严苛的教育环境所带来的艰难困苦时，你对未来所有教育的看法就会被扭曲。

在以老师为中心的学习方法中，老师被当成答案的掌握者，这会让学生们不经意间对课堂学习产生无助感。

制度化学习的这些缺陷并不是普遍存在的，我们绝不能将它们当成放弃学习的借口。但是，它们确实说明了传统教育会强化某些心理障碍，也可以解释为什么我们很难记住理应在学校里学到的知识。在传统教育中，人们会告诉你应该注意些什么以及怎样思考，但这不是一个可持续的学习和记忆的方式。

相比之下，自学具有一些潜在的优势，这些优势不一定出现在传统教育之中。自学不仅可以增强你个人的能力和自信，而且对现实世界的各种情况大有裨益。这些好处包括：

自学时，你可以随心所欲地深入研究某个主题。所有制度化的学校课程都受到了限制。由于时间有限，它们不可能涵盖某一特定主题的全部内容。但在自学过程中，你不必遵循严格的课程安排。你能学到的东西是没有限制的，你能比大学教授更加深入地研究你所钻研的学科。

你只需要跟着自己的节奏走，能限制你的只会是你的动机与自律。你还可以决定学习的难度等级。在自学时，你不用停下学习的步伐，可以想走多远就走多远，想走多快就走多快。你也可以反其道而行之：按照你自己的节奏来有意识地学习更多内容，或者花费足够多的时间彻底理解某一个主题。

自学能够让你做到终身学习。大学学位不一定是你的教育终点，但很多学生都认为它就是终点。然而在自学过程中，你可以培养习惯、技能和兴趣，通过深入研究某一学科的专业知识并且追踪该学科的最新发展，为今后的学习做好准备。传统教育强调阅读和温习，这些当然不是跟上生活步伐的最好方式，其他一些方法可能更为有益。

自学时，你可以从不同角度学习各门学科。 许多大学毕业生的职业道路都是事先规定好了的，并且受到了限制。他们带着某种目的去学习，着眼于如何利用新的知识。即使他们在各自的领域中取得了成功，快速变化的时代也会让他们失去职业上的稳固，因为老板和上司希望员工跟上形势，并且比过去更广泛地了解不同的领域。

例如，你的目的只是学习商务日语，而不是学会如何在日常生活中使用日语。而自学的便利之处在于，它能使你怀着更多样的目标去学习，或者根本不需要你去设定具体的目标。这与只关注特定目标、困在自己圈子里的制度化学习形成了鲜明对比。

自学能更好地培养自律力。 规划自己的教育课程要求你做好个人计划、个人管理，以及全身心投入和执行你的计划。当你能够自己提升这些技能时，自学就会变得比别人强加给你的学习更有意义。养成自律习惯是自学产生的强效"副产品"，它可以影响你生活中的方方面面。

　　你在自学中会发现新的可能性。你在大学里可能没时间去学习你想学的所有东西——你只是在学习某一门固定的课程，不能广泛地涉猎其他学科。自学则可以让你重拾在传统教育中不得不放弃的所有兴趣与热情。你还可以在自学新的学科时发展专长，这将有助于你发掘自己的职业潜力。

　　研究表明，人们一生中平均从事 5 ~ 7 种职业。你会因为缺乏自学能力而受到职业上的限制吗？还是说你能够从一份职业无缝地过渡到下一份职业？

构建"学习成功金字塔"

　　自学的好处十分引人注目，我坚信任何人都能自学。但是，和生活中的各种努力一样，自学并不是由某个你可以"啪嗒"一声打开的开关操纵的。当你为取得成功做好心理上和情感上的准备时，自学取得的效果才会最好。当然，你也可以把本书当成学习指南，拿来读一读，也没什么坏处。

　　美国传奇的大学篮球教练约翰·伍登（John Wooden）也是自我管理方面的一位精明的哲学家，他提出了"成功金字塔"（the pyramid of success）这个概念。他的理论把取得成功的步骤图像化，引导学生逐一踏过建成"成功金字塔"所需的 15 块不同的"积木块"，从而在他们自己的个人追求和实践冒险中获得成就，并且一路攀登到塔尖。

教育家苏珊·克鲁格（Susan Kruger）在伍登的模型基础上提出了"学习成功金字塔（learning success pyramid）"这个概念（见图 1.1），克鲁格合理地将"学习成功金字塔"所需的"积木块"从伍登的 15 块减少到 3 块，分析了人们在一生中取得成功所需的要素。

学 习
（Learning）

自我管理
（Self-management）

信 心
（Confidence）

图 1.1 学习成功金字塔模型

信 心 这是克鲁格"学习成功金字塔"的基础，是我们能够学会新知识的自信。我们不能绕开这个前提条件，其原因在某种程度上与大脑化学有关。

无论我们接收哪种类型的信息，这些信息都会沿着脊髓向大脑的神经网络传播。在大脑中获取这些信息的第一站是情感中枢，而此时我们还没有对信息进行分析或解释。可想而知，这会给我们的日常生活带来一些麻烦。情感中枢的作用在于确定信息对我们的安全是否构成威胁。

如果大脑的这个部分感知到威胁，它就会从大脑的其他部分吸收化学物质来应对。当然，你也许知道这种机制又被称为战斗或逃跑反应（fight-or-flight response）。在这种反应中，我们的身体受到触发进入觉醒状态，目的是避免以这样或那样的方式对身体造成伤害。

情感中枢不会在身体威胁和心理威胁之间做出区分，这意味着它感知到人格侮辱、严厉批评和深切谴责时的警觉程度，与感知到拳头击打、熊的攻击或者迎面呼啸而来的卡车时的警觉程度相当。这是一种针对我们身心健康遇到的危险所做的反应，为了达到这个目的，这一反应储存了所有由大脑驱动的活动所需的化学物质，这些活动包括了学习。

所以，通过威胁或指责来强制人们学习是无效的，也是不可能做到的。如果一个人的心灵受到了伤害或者感到自己不被信任，又或者这个人正在应对抑郁、压力、艰难的个人问题或恐惧，他就没有任何能力来帮助自己学习。

因此对我们而言，重要的是树立真正的信心，认定我们有能力自己学习。如果你在这方面做得不够好，就要对自己好一点，采取措施肯定自己的学习能力。到目前为止，你已经从零开始学到了生活中的一切；你可能还会觉得自己无知或者不够好——这也许是真的，但只是暂时的。

只要你坚持不懈，并且做出一些艰苦努力，你就没有理解不了的学科。为此，你需要下定决心不放弃，为如何学习制定计划。倘若你必须花很多时间才能学好，那就原谅自己天资不够聪颖，并且在学习过程中标记自己的进步。

倘若彩虹的尽头有一罐金子，而你认为自己追不上那道彩虹，那么你就会开始觉得，再怎么努力也得不到金子了。学习中的自信，使得你有可能继续把这本书读下去。

自我管理　"学习成功金字塔"的第二层是安排好时间、资源、工具和沟通方式，以确保有效学习。同样，这一步成功与否也取决于我们的大脑如何处理自己接收的信息。

在我们的情感中枢处理完新的信息后，下一个接收数据的大脑部分是前脑，或者说前额皮质。它有点像我们的私人助理，负责管理运动功能、记忆、语言、问题解决、冲动调节、社会行为以及许多其他认知技能。当前脑疲惫不堪时，我们会感到疲倦，无法做好任何事情，这就是所谓的"自我耗竭"（最近，科学家证实这种说法并非完全正确，但是我们必须承认，你做的手头事情越多，你就会觉得越累，你对眼前之事所投入的关注和努力也会越少）。

克服这种"脑力枯竭"的最好办法是培养自我管理技能，尤其是组织能力。这意味着你要在完成所有任务之前用大量时间建立执行体系，制定例行程序，并确定后续的行动，使接下来的工作更容易持续执行。准备工作是否充分，通常是影响成功的关键因素，所以，不要匆忙、草率地着手完成任务，这一点至关重要。自我管理是一项可能已被埋没的技能，因为传统教育着重要求学生遵守严格的时间表。但是我们在自学中必须既当学生又当老师，所以我们不能忽视自我管理。

对于自学者来说，自我管理这个过程指的是安排好你自己的事情和学习材料，以便于收集信息，学习、理解和测试所学内容。怎样安排阅读时间？使用哪些资源来追踪你的进展情况并确定你的知识差距出现在哪些方面？如何将你学到的东西如写作、视频制作、项目实施或者其他东西付诸应用？

你可以把这个步骤看成是书写一份实验室报告。科学家开始实验前，往往会写下他们的假设（或者想要实现的任何目标或想要证明的任何观点）以及他们得出结论的方法和材料。在实验的每个阶段完成之后，他们都会记录结果，并指出他们在将来的实验中需要做出的调整。最后，在结束实验时，他们会写出总体结论并且诠释它的实际含义。

把这种思维模式应用到自学中，意味着你从一开始就必须确立一个框架，详细说明开展学习的过程。如果你正在自学一门外语，那就列出一份你将使用的书籍和在线音频资源的清单，再列出一份说明你将如何进行练习和自我测试的清单，比如说，你可能会使用在线录音机或智能手机进行练习和测试。最后，你还可以将大量的母语文字翻译成你正在学习的外语。

这个步骤看起来有点劳心费力，尤其是在你很想一头扎进学习材料中的时候。但是，正所谓"磨刀不误砍柴工"，做好这个步骤，将让你节省大量时间，并帮助你学习无数内容。重要的是调节好自己，让自己更好地学习，这是因为只要找到了合适的学习资源，你必定会自己学习，就如同只要你把马儿带到了有水的地方，马儿必定会根据需要自己喝水。

学习 好了，现在学习材料都已准备就绪，而且随着你的信心和自我管理水平达到标准程度，你也已经做好了学习的准备。学习是由后脑处理的，大脑的这个部分叫作海马体，负责控制记忆、联系、识别、想象和意义归纳等大脑功能。所有信息都将在这里进行处理和分析。海马体是大脑将信息从短期记忆转化为长期记忆的地方，也是大脑中发生真正的物理结构变化的地方。

其实学习本身并不难。但大多数人错误地认为，他们应当从第三层开始学习，而不是首先树立信心和解决自我管理的问题。一旦你能克服"学习成功金字塔"中的这些障碍，或者至少能够辨别它们，自学就会变得容易很多。

为什么理科比文科更适合自学？

无论是制度化的教育还是自学，"学习成功金字塔"概括了我们开始接受教育时内心要做好的准备。但是，在我们可以自行选择的所有学科中，是否有的学科课程在自学时会比其他学科课程更有效果？

无论什么学科，都可以通过适当的计划和执行来自学，不管是演奏音乐，还是学习世界历史或者统计学；然而，有些学科确实比其他学科更适合自学，究其根本，文科与理科之间的差异决定了这些情况的发生。

除了雕塑和生物学这样显而易见的分类，其他任何一门学科也都可以归类到文科或者理科。文理之间的差别，与主客观学习的差异以及教师在信息传播中扮演的角色相关。

在文科中，一切都是主观的。归根结底，在文科中不存在对错之分。当然，你可以学习"正确的"笔触或者"正确的"

校准摄像机的方法，但你并非一定要使用某种严格的方式来创作一件合宜的艺术品。如果文科的目标是唤起一种情感（情感是主观的），那么实现这个目标就有无数途径。

文科的课程内容多变，其原因很大程度上在于老师。他们对自己所教的内容有自己的理解，甚至完全不同于其他学校同一学科的老师。文科中没有一成不变的"事实"，正因为如此，老师与他们所教的学科是不可分割的。如果没有可靠的参照和重要的引导，文科的自学会更加困难。

理科是客观的，你只要处理已证实的事实和不会出错的数据即可。光速、元素周期表上各种元素的物理构成以及 2×4 的乘积，都是不容置疑的。你不能对答案是否正确有自己的见解；不管你喜不喜欢，它们都是确定无疑的。你可以学习公式并且学会应用它们，而它们永远不会改变，也不会让你失望。

世界上的每一位科学家或数学老师都必须告诉你这些事实。他们如何向你传授知识，或者怎样解释或感受这些知识，并不重要。他们都要教你同样的概念，因为这些概念就摆在那里，都是直白而准确的。如果数学老师告诉你 $2 \times 4 = 13$，那么他教不了你太久就会被解雇。因此，客观的理科知识并不依赖于某一类教师的存在，因为不管他们是否存在，事实就是事实。和文科的自学相比，理科的自学更加值得信任，也更为可靠。

必须注意到，你本人在自学中就是自己的导师。你必须和自己打交道。你可能了解其他人的观点和解释，但你自己的大脑才是过滤所学知识的最后"漏斗"。你的任务是找出相关的材料并且将它们灌输到自己的大脑之中。

正因为如此，理科比文科更适合自学这一观点，至少部分是可信的。无论你学习的是理科的哪一类分支，总会出现一组无可争议的硬数据，而你也必须在某个时候接受它们。这些具体的事实比文科中更加灵活多变的理论相对容易确定。

因此，对于一名自学者来说，学习客观的理科课程可能尤为合适。但这并不意味着你不可能自学某一门文科。例如，我花了很长时间自学写作技巧，而且认为自己不会很快就停止这些技能的自学。自学文科学科是完全可能的。你只需要在处理问题的方法上做一些微小的调整。

动机 3.0：引导学习的第三种驱动力

自学的回报显而易见，但它并不是轻而易举就能获得的，而是需要你付出勃勃雄心，因为你既是学生又是老师。自学需要信心、全身心投入以及良好的计划。如果你不是一个传统的"自我驱动者"，那么你可能会觉得，你需要付出巨大的努力才能达成你的目标，而你也就很难有动力去实现它。

自学不同于典型的在校学习。在学校里，总有别人负责为你设定目标并激励着你为实现目标而奋斗。它也不同于工作，在工作中，你的动机很简单：完成工作任务并获得报酬。此外，这种"胡萝卜加大棒"的激励策略，并不总是能让你最出色地完成任务。即使你成功完成了工作，获得了必要的报酬，你很可能也无法从中获得太多满足感。

我们把这种奖励或惩罚的机制称为外部动机（extrinsic motivation）：你获得的奖励来自外部，比如你工作的公司或者就读的学区。别人根据他们制定的指导方针，而不是你制定的标准，为你支付报酬或提供奖励。在过去的一段时间，这种动机可能是有效的，因为学习和就业的选择在那时更加有限，人们只想着生存。

与外部动机相对的是内部动机（intrinsic motivation）。体验内部动机的人不是为了获得奖励或避免被他人惩罚而完成任务，而是为了在无形的层面上丰富自身的内涵。一个人在这种框架中收获的回报是自我产生的：自豪感、成就感、欣喜之感，以及勇于迎接挑战的感觉。简单来说，这些奖励给人的感觉更好，比工资或分数具有更加丰富的个人意义。

过去半个世纪左右的研究发现，内部回报远比外部回报更具有激励作用。事实上，哈里·哈洛（Harry Harlow）和爱德华·德西（Edward Deci）两位教授在 20 世纪 70 年代开展的研究表明，外部动机实际上有损内部动机：如果你既为了获得报酬，又为了追求个人满足感而完成工作任务，那么外部回报的动机将会削弱你所追求的内部回报的质量。

丹尼尔·平克（Daniel Pink）曾提出当代动机理论，并围绕这一理论出版了几部重要著作。他说，当代"动机 3.0"的理念更有可能为我们带来人人都渴望的成功。"动机 3.0"的理念是在"动机 1.0"和"动机 2.0"时代之后出现的，"动机 1.0"指的是仅仅为了满足生存的原始需求，"动机 2.0"则是你的父辈在他们的时代可能经历过的奖惩模式。

"动机 3.0"则全都关于内部动机，它由平克的这种信念所激发："高绩效的秘密不在于我们的生理驱动力或奖惩驱动力，而在于我们的第三种驱动力，也就是引导我们的生活、扩展和提升我们的能力并且促使我们做出贡献的内心深处的渴望。"平克描述了构成内在动机的三个不同要素：

☑ 自主（autonomy）

☑ 精通（mastery）

☑ 使命（purpose）

自主　自由对每个人来说都是一种巨大的推动力。拥有自主权意味着你完全掌控自己的生活。你在为自己的人生方向"掌舵"，你在做决定，在创造自己的回报。你没有在回应任何人的要求，而且可以设定自己的日程表。

自主之所以能够激励我们，是因为我们相信，只有我们自己才能真正影响我们的人生。没有人喜欢别人操纵他们的人生；那样就意味着我们受到了别人的期望或愿望的局限。我们生来就想独立，自我价值和个人能力的提升都有赖于独立。

在自学的动机中，你也许会运用自主所包含的元素来想象。你会预见到在你获得知识后，你的人生将如何变得更加美好。例如，你有动力自学编程，因为你能想象到自己将来自主经营网站开发业务时的样子；或者你会学习一门外语，因为你想在国外生活一段时间；或者你只想学习烹饪，因为你厌倦了吃通心粉和奶酪，它们都是用别人挑选的食材做出来的。关键在于这些都是你自己的选择。

精通　假如你知道自己某件事情做得很好，而你正在为达到自己的卓越标准而在这件事情上努力工作、亲身实践，那么你得到的满足感将是非常独特的，它将不同于其他任何事情带给你的感受。这就是所谓的"精通"：一种助力我们在自己感兴趣的领域提高技能或增长知识的驱动因子。

精通也是个激励因子，因为它给我们一种进步的感觉（如果我们能顺利地通过学习的起始阶段，一路坚持学习某种全新的东西，那么在此过程中我们一定会时常感到沮丧）。我们之所以坚持在某些领域取得进展，是因为我们希望每天都学到一些新东西。我们想达到这样一种境界：只做自己想做的事，不被忙碌的工作或者目的不明确的任务分散注意力、挡住了道路，阻碍我们实现心中的目标。我们想要一种每天都可以用来激励自己的成就感。

> 一旦你已经学习了一段时间，并且获得卓有成效的结果时，你会为这种成功而骄傲。这本身就能成为你动机的一部分。

精通可能是自学中最明显的刺激。受到它的激励，你或许有动力去理解莎士比亚著作的每一个细微之处、从零开始制造一辆机械卡丁车、当一位顶级的音频制作人，或者学懂弄通商业合同的所有细节而无须打电话请教律师。

每一名学生的目标都是在他们的专业领域学到一技之长，而伟大的自学者在其学习征途中，始终都会把熟练掌握知识

（精通）放在首位。当你知道你是凭借自己的能力和不竭的动力学会了某种知识，而不是通过在课堂上紧跟一群教授的步伐、单调而乏味地被动接受知识才把它学会时，精通将使你加倍获得满足。

使命 虽然内部动机的存在也是为了完成某件事，但是相信我们做某件事是为了追求"更大的好处"，也是有价值的。这就是使命感传递的信息。

心怀使命，我们就会认为自己所做的事情不仅对自身的个人生活有着积极影响，还向人们传递了普遍的善意。我们会觉得自己帮助了别人，而不是纯粹出于私利行事；或者说我们会认为自己所从事的工作让我们获得了人生中更崇高的价值感。

我们受到使命的驱使，因为在每个人的内心深处，没有人真的想成为笨蛋。我们要相信自己是"好人"，相信我们是在回应大自然和人类社会的最高召唤。我们要相信我们为这个世界带来了一些重要的东西，我们的努力让别人的存在变得更有价值、更满足，或者更快乐。这与我们对自主的渴望并不是必然冲突的——没错，我们渴望独立和自我引导，但我们也愿意相信自己是芸芸众生之中一名有价值的成员。

自学者可能由于追求一种更开明的心态而想学习哲学；由于想为社区的植物园做出自己的贡献而自学农艺知识；由于想

了解并推动地方政府改革而学习政治学；或者由于想逗孩子开心而自学如何扮演小丑。

在自学过程中，使命感总是会帮助你的思想对准你所追求的内部奖励和进步，并促使你采取具体行动。源于内心的抱负总是比外人施加的影响更加强烈。关注你通过自学所获得的东西，它在你的学习中永远是一种强大的指引力量。除了你自己，没有谁能赋予你这种力量。

自学是一种追求。

它并不新鲜，新鲜的是它的可能性和可实现性。得益于互联网，世界现在就在你的掌握之中，我们有能力学习任何我们想学的东西。传统学习有一些积极的方面，但它也严重限制了我们的教育方法和我们丰富自我的方式。要解决这个问题，我们必须首先从自学中得到启示，理解阅读、温习以及求知欲之间的心态差异。

"学习成功金字塔"准确地概括了学习的三个层面，其中的两个层面通常被人们忽视，从而成为大多数人进行学习的巨大障碍。

第一层是信心，你必须对自己的学习能力充满自信，否则会变得沮丧和绝望。

第二层是自我管理，你必须能够自我调节冲动，做到自律，并且在重要时刻集中注意力。这就好比你可以把马牵到河边，但不可能强迫它喝水一样。

第三层是学习，大多数人往往拿起书就开始学习——这对他们是不利的。学习不仅仅是拿起一本书来读那么简单，它更要求你精神上的训练。

自我激励与自我调节有关。

这是自学的一个重要方面，因为在自学过程中，没有哪位老师能强迫你僵化地学习——你本人才是自己的老师。你既是老师也是学生，这就需要你激励自己去完成任务。让你自己朝着自学目标前进的内部动机有三个主要方面：自主、精通和使命。无形的激励往往比传统意义上的激励更加强有力。

快速掌握新技能需要强大的内驱力

我在英语和语文学习中养成的习惯，对后来的德语和法语自学都很有帮助，其中写作起到的作用尤其突出。我会自行将写作练习添加到每天的学习任务中。尽管我的英文、德文、法文在一开始不灵光，但我都会要求自己写一小段日记，用上新学到的单词或者表达方式。这个过程其实是非常枯燥乏味的，但如果你坚持下去，并且经常回头检验、对照母语学习者的文章进行改进，那么一段时间以后，你将发现自己的外语能力已经脱胎换骨。

求学时期我之所以能取得一点小成绩，很大程度上要归功于自我管理。因为无论按照国内还是奥地利的学校要求来规划学习时间，我都很难完成其他语种的学习，更不可能出版自己的作品。另外，正如本书作者彼得·霍林斯所说："你可以将马牵到河边，但不能强迫它喝水；在自我管理中，你必须调节冲动，做到自律，在关键时刻集中注意力。"也就是说，你需要强大的内驱力，与好逸恶劳的本性对着干。

就个人而言，虽然十几岁的少年不大可能形成明确的语言学习理论和方法论，但我那时已经隐约地意识到，想要确认自己能游刃有余地使用一门语言，那么写作尤其是文学创作就是终极检验。可以说，对掌握一门语言的执拗追求最终成了我练习写作的动力。

不过，如果换成现在，我又会增加一个坚持写作的内驱力：那就是洞悉这个世界，达到更高层次的自我实现。写作是一条能帮我清晰有力地表达思想的强效路径，让我以文字的形式，将几十年来对世间万象的认知、对自我的认识，以及对人生或整个人类的思考准确地表达出来。我希望自己的知识和思想能成为献给世人的永恒礼物，而写作承载了它。

当然，刚才的话题还可以延伸得很远，但我想就此打住，对你说，决定自学一门学科或者技艺时，请记住驱动你做这件事情的力量是什么。到你开始懈怠的时候，找回那股内驱力；然后给自己加满油，继续上路。

第 2 章

The Science of Self-Learning

4 项信息处理能力训练，把知识吃透

想要发展硬实力，先掌握学习的软技能

当今，知识经济迅猛发展，数字文化渗透社会生活，多元的观念层出不穷。你紧盯着闪烁的屏幕，迫切地想要获取一切有价值的信息，却在一次次会议和讨论中输出失败，对自己的学习能力丧失信心。其实，信息的获取仅仅是第一步，能准确地、创造性地处理信息才是学习的必备技能。

帮助那些在学习苦海中挣扎的学生前，我总会先问他们是如何整理课堂笔记和阅读笔记的。往往第一次面谈中的大部分时间都花在探讨如何整理并对信息进行组块，而不是我对着学生解释概念。

乔治痴迷于考古学。他在自己对考古一无所知的时候已经喜欢上了这门学科。看了电影《夺宝奇兵》（*Raiders of the Lost Ark*）之后，他就对考古学产生了兴趣，于是决定涉足这门学科，并且把自己能想到的几本书挑选出来，开始自学。准确地讲，他挑了 5 本书来学习。这都是转瞬之间决定下来的事情。他把 5 本书的电子版下载到了电子阅读器上。

然而，一连几天，这 5 本书被乔治束之高阁。他没有仔细考虑哪本书最符合自己的专业水平。就目前的情况来讲，即使是善意地描述他的水平，也只能用"勉强还行"来形容。他买了两本畅销书和另一本只要 1.99 美元的书。但那又怎样呢？乔治挑选的这 5 本书，应该至少足以让他熟悉考古学的基本知识了。它们应该适合那些从零起步的人们。乔治应该能够学到他要学的东西。

应该，应该，应该——所有合理的期望，其实都源于这个词。

终于，乔治开始读其中一本，书的作者是一位在埃及金字塔工作的经验丰富的考古学家。乔治觉得，应当先从考古专家身上学习，却没有考虑自己的专业水平。这本书的序言很长，但他一个字也没读。他只想着直接读正文。

书的第一章立马成了他学习考古的拦路虎。其中有一大堆看起来只有考古学家才能理解的长单词，他无法读懂。但没关系——他只是通过书本给自己充个电，因为他读书的速度快。他曾在一周之内读完了《饥饿游戏》（*Hunger Games*）系列的所有书籍。他擅长快速阅读，这没问题。

但是，在读到这本考古专业书第一章的结尾时，乔治已经感到心力交瘁了，因为他没有思考过自己读的任何内容。他不知道其中的意思，也不明白为什么这些内容很重要。他只是硬着头皮一段接一段地读下去，却固执地拒绝查词典。他还是相对较快地读完了第一章，但再也没有兴趣读第二章了。这太让人沮丧了。于是乔治又挑了另一本书来读，但这次的经历和之前的一模一样。

乔治认为，所有这一切都是一个信号，暗示他自己不是学考古的料。他下定决心完全不再学习考古了。他觉得自己明显不具备攻读这门学科所必需的心理资源，因此他关上了自己的电子书，同时心中不免有几分丧气，觉得自己太笨了。

其实乔治并不笨。事实上，在他的高中班级里，他是最优秀的学生之一，经常能做到不学习也考出好成绩。他自学考古学的失败在于他对自己天生能力的期望以及他对新知识和阅读材料的反应。他也许很聪明，但他的聪明并不显现在考古这个领域。当他没能迅速读懂考古学时，他以为这是自己个人的失败。但他的失败仅仅在于他试图以读少年小说的方式来读知识全书，或者说，像学习高中所有知识那样来学考古。他没有制定计划，也没有做好自学的准备。

由于少年小说与知识全书的写作风格迥异，而且由于你会在脑海中怀着不同的目的来看书，所以你需要以截然不同于阅读专业读物的方式来阅读它们。运用信息，不仅涉及期望，而且涉及计划。乔治应当从一开始就试着使用所谓的"SQ3R 法"，这是一种在自学过程中可以改变你的方法。

SQ3R 法：跳出"预习—复习"的旧循环

对于绝大多数的学校科目来说，教材是学习计划的核心，讲座和讨论也是。一位普通教师整整一年的课程计划，通常借鉴了至少一本教材的结构与次序。这些教材内容往往多得令人难以置信。一个学生在任何一个学期要上的课原本已经包含了大量内容，再加上每一门课使用的又是一本大部头的教材，你会发现，学生的负担已经超重，他们的书包真的严重超负荷——几乎和每一位老师对他们的期望一样重。要知道，老师们都希望学生读完每一本书。

教材内容密集而翔实，做了大量注释，而且页数很多。我们很容易想象这样一幅画面：某天深夜，一个学生匆匆翻过一本长达 349 页的大部头教材，早已疲惫不堪，以至于他第二天早上无法记住头天晚上读过的内容。

正因为如此，美国教育家弗朗西斯·P. 罗宾逊（Francis P. Robinson）发明了一种方法，旨在帮助学生最大限度地理解老师教给他们的课文，并借此吃透他们正在学习的科目。罗宾逊想方设法让阅读变得更加积极，让学生与书本建立互动关系，以帮助他们将信息长久地保存在脑海。

传统课堂中的阅读和温习无疑不是最有效的，却是我们大多数人知道的唯一模式。罗宾逊的方法不仅仅适用于阅读，你的整个学习计划都可以借鉴罗宾逊的方法，并且可以进行调整以适应你自学的内容。

这种方法简称为 SQ3R 法，其名字来源于它的 5 个组成部分的英文首字母缩写。这 5 个组成部分是：

☑ 调查（Survey）

☑ 提问（Question）

☑ 阅读（Read）

☑ 背诵（Recite）

☑ 复习（Review）

调查 SQ3R 法的第一阶段是对将要阅读的内容进行总体了解。对于小说或叙事性文学，你要从头开始阅读，慢慢地读完每一章。教材与非小说类的作品则和它们不一样。最优秀的非小说类作品都是在前一章的基础上，以一种清晰的、难忘的方式来传递信息。如果你不先进行调查就一头扎进去，便会十分盲目；你会一头雾水，不知道自己要去哪里，也不知道自己想要完成什么任务。因此，在埋头阅读第一章之前，你应该先了解一下情况。调查环节的作用在于让你最全面地了解主题，以便确立和制定你想通过阅读这本书来实现的目标。

如果你不能理解课程中提到的方法，不妨驻足回顾一下。上网找找最先解决这个问题的人，或者那些最早使用这个方法的人。

　　这就好比开始自驾游之前你要查看一下整个地图。也许你此刻并不需要所有的知识,但是,从总体上理解每一个组成部分,了解它们以什么样的方式结合在一起, 有助于你处理小细节并且在陷入困境时尽快摆脱。即使你感到困惑, 通常也知道自己要朝什么方向前进。

　　在 SQ3R 法中, 调查意味着研究书籍的结构: 书名、引言或序言、章标题和节标题的主副标题。如果书籍配有图片或图表, 要仔细看看。你也可以记下书本中用来指导你阅读的提示性标志, 如不同的字体、加粗或倾斜的文字、"本章目标"和"研究问题"之类的模块名称。在按照步骤进行调查的过程中, 你会为自己将要阅读的内容设定期望, 并给自己一个初步的框架来确定阅读这些材料的目标。

　　例如, 假设你正在阅读一本关于地质学的书。我手头碰巧有一本约翰·S. 谢尔顿(John S. Shelton)的《地质学插图》(*Geology Illustrated*), 这本书有 50 年左右的历史, 已不再出版, 但它非常符合我们的学习目标。

　　《地质学插图》的序言中描述了该书的内容及插图的排列方式。它的目录包含的内容极为广泛。它分为几个部分:"物质"(Materials)、"结构"(Structure)、"蚀刻"(Sculpture)、"时期"(Time)、"案例研究"(Case Histories)和"影响"(Implications)。

目录告诉我，该书将从具体的地质要素开始，介绍这些地质要素随着时间的推移是如何形成的、它们在形成过程中发生的一些重大事件，以及我们对未来做出可能的预测。这是对书本整体结构的一种很好的推测。

接下来，这本书每个部分都被分成几章，每一章又进一步被大量的标题和副标题分割。由于数量太多，我在这里就不提了，但它们对每一部分的内容进行了更加细致入微的概括。当你调查并明白了你当前所学内容的重要性时，便马上能够更好地理解它。进行调查和不做调查的区别，相当于两种齿轮观察法的区别：一种是单独观察一个齿轮，另一种是在一个复杂的时钟里观察这个齿轮的位置及运转方式。

除了书籍之外，你还应当研究某门学科中所有重要的概念。如果你无法在书籍的目录中找到这些概念，那就需要你自己将它们列举出来。是的，这很难做到，但只要你能把所有概念都列出来，并且至少从表面上理解它们之间的关系，你就已经超越了他人。对书本进行调查来拟出学习内容的大纲，从某种意义上说，这更像是你在为自己设计一本"书"，当然，这只是比喻意义上的"书"。

你要对你想学的东西心中有数，在脑海中勾勒一个大致的轮廓。因为你是自学的，所以可能还有一些你需要知道的知识，但你自己可能没有想到，它们留下了空白。在这个阶段，你要确定自己到底想了解什么，并且尽可能具体一些。例如，如果你想学习心理学的所有知识，那你就要花费大量时间，因为你不可能一蹴而就。你可能还想详细说明一下你要学习的门类：精神分析的早期历史、西格蒙德·弗洛伊德（Sigmund Freud）和卡尔·荣格（Carl Jung）的著作、运动心理学、发展心理学等。可能性是很多的。

你必须密切关注来自几个不同出处的短语或概念，因为它们代表着在你选择的领域中经常出现的要素，并且可能是你必须了解的内容。在深入细致研究任何概念之前，你需要先勾勒出它们之间的联系。

例如，假设你想学习欧洲电影史，那么打开搜索引擎，输入"欧洲电影史"，便能搜索到许多有趣的东西，其中一些可以用来拟定你想要的大纲。

你还可以在网上书店中查找阅读材料，找到有可能是最权威的专著。互联网电影数据库（IMDB）有助于你搜寻重要的欧洲电影，供你观赏。你会发现哪些欧洲导演的影片常被人引用，他们可能是较为重要的，也是影响力较大的导演。你可以研究哪些欧洲电影的评分较高，以及它们为什么得到了较高的分数。你还可以收集一些资源，了解哪些国家发生了什么样的电影运动，以及这些运动兴起的原因。

接下来，你要整理这些资源，制定一个计划来安排研究顺序，包括阅读一本关于早期欧洲电影史的著作中的一章，然后看几部代表那个时代的电影，再给自己布置评论某部电影的任务。此刻，你要重点关注材料的搜集和整理，因为你还没有触及这个研究主题的深处。总之重要的一点是，在深入研究之前，你已经调查了这个主题，弄清楚了你要研究的内容以及你去研究它们的原因。

提问 在 SQ3R 法的第二阶段中，你依然不用进行深刻的研究，但是在提问阶段，你要做得比之前更深入一些，让大脑更好地做准备，去关注你正在阅读的材料并运用它们。你应该稍微仔细地了解正在阅读的这本书的结构，提出一些你想要回答的问题，或者设定你想要达到的目标。

在读书的提问阶段，或者更准确地说，在准备阅读的时候，你需要通读一章的标题，即主标题和副标题，并且以问题的形式重新表述它们。这就把作者给你写出的枯燥标题变成了你要解决的挑战或问题。例如，如果你在读一本关于弗洛伊德的书，可能会有一章叫作"弗洛伊德分析梦的基本原理"。你可以把这一章的标题重写为"弗洛伊德关于梦的解释是如何产生的？他对梦的最初想法是什么？"你可以把这些问题用铅笔写在书的空白处。如果你正在阅读一本教材，书中每一章的末尾都有提问，这些问题可以很好地指导你接下来的学习。

在关于地质学的书中，我担心没有太多章节标题可以用来帮助我提出问题并且重新表述。书中各章的标题就是"风化作用"（Weathering）、"地下水"（Groundwater）、"冰川作用"（Glaciation），仅此而已。但有些标题也许可以重新表述，例如，"变质作用对沉积岩的影响"这个章节的标题，可以重新表述为"历经亿万年的环境变迁，中心底部的岩石会发生什么变化？"我不仅把它改写成了一个问题，而且还把标题变成了我在读这本书之前就能理解的文字。

既然你已经为制定学习计划安排好了资源，接下来你就可以把你要讨论的一些话题组织成你想回答的问题或者你想达到的目标。根据整理的原始材料和可能摸索出的学习模式，你希望在你的研究中找到什么具体的答案？把它们写下来。这个时候，也是思考如何用合适的方法来回答问题的好时候，比如，你可以每天写日志，做自填式测验，作为某种"知识追踪器"（knowledge tracker）。你现在还不需要回答这些问题——你只需要知道，你在回答它们的时候将怎样记录下你的思考。

再次以欧洲电影史为例，如果你在调查阶段做过哪怕最粗略的调研，也肯定会不止一次看到这些大名鼎鼎的导演的名字：费德里科·费里尼（Federico Fellini）、让-吕克·戈达尔（Jean-Luc Godard）、路易斯·布努埃尔（Luis Bunuel）、弗里茨·朗（Fritz Lang）等。你认为他们是重要人物，需要去了解他们，因此你可能会提出一些类似这样的问题："为什么费里尼影响力会如此巨大？""布努埃尔的导演风格是什么？""戈达尔在他的电影创作中追求的是什么主题？"你也许还会遇到一些在欧洲电影中常见的概念或主题，如"法国新浪潮"（French New Wave）、"第二次世界大战"（World War Ⅱ）、"新现实主义"（neo-realism）。把这些作为你学习的目标，并将其整理成大纲。

阅读 在这个阶段，你终于做好了深入研究材料的准备。由于你已经摸清了情况，为学习明确了一些问题并确定了目标，因此当你总算可以坐下来读书时，你会更加投入。你在为自己提出的问题寻找答案。在真正开始阅读之前，思考和组织问题的另一个目的是建立对学习的预期，人们通常低估了这个方面。你已经把所有内容都读了一段时间了，可能这时候的你迫不及待地想要全身心投入研究之中，回答那些已经在你内心积累起来的问题。

这一阶段是大多数人试图开始但最终失败的地方，因为他们缺乏研究基础，却抱着不合理的期望去回答问题。

这个时候，你在阅读时要深思熟虑，控制好节奏，这样才能更好地理解材料内容。这意味着你必须放慢速度，而且是大幅度放慢。对材料和你自己都要有耐心。如果文章很难理解，就以极慢的速度阅读。如果你没有把某个部分掌握得一清二楚，先停下来，从头再读一遍。这跟你读一本让你手不释卷、引人入胜的小说是不一样的。你正在阅读的信息可能是密集的，所以要慢慢地、聚精会神地读，一次只读一个小节。

阅读很可能是你学习计划的一部分，其他部分还包括教学演示工具（visual aids，例如投影仪）、在线课程和网络资源。对于这些，你需要像你在阅读阶段使用书本一样运用它们：有意识地，坚持不懈地，在完全理解你所确立的目标的基础上来学习每个概念。如果你感到困惑了，觉得没有弄清之前的内容，要记住，你随时可以使用倒带和回放功能。安排好学习时间，尽可能全面地理解学习的内容。

显而易见，我们还要再次以欧洲电影史为例来说明上述这些方法的运用。在此，你要用批判的眼光来观看电影。在某些时候，你可能还想回放一下，以捕捉可能相关的视觉图像、对话或动作。如果你有办法看到一段视频，某位导演还给这段视频添加了评论音频，那你就要花一个下午的时间来批判性地观看这段视频。把电影和你正在读的书或者正在上的在线课程"碰撞"一下，回答你可能留存心中的任何疑问或想法。

背诵 这一阶段对于处理你正在学习的信息至关重要，也是为学习而阅读和为娱乐而阅读之间的最大区别。现在你已经熟悉了学习材料，因此背诵阶段的目的就是重新调整思绪和注意力，使思想更加集中，并在学习过程中更加全身心地投入。换句话说，这一步是关于文字背诵的。

首先，你要就自己正在阅读的内容大声提问。这时，你可以在阅读材料的空白处做大量笔记，并在关键知识点上标记下划线或者高亮标志。背诵可以通过朗读也可以通过默写来进行。然而，重要的是用你自己的话来重新表述这些观点，而不是把书上的短语抄到纸上。采用这种做法，你可以将新的知识转化成你已经知道了意思的短语。如此一来，你就能用自己理解的语言更轻松地掌握信息。这对你来说意义重大。

我那本关于地质学的书，留有很宽的页边空白，所以有足够的空间来重新表述或重写关键知识点，同时突出重要的概念。例如，以下这段原文：

这一比较表明，丘陵和山脉被侵蚀的缓慢过程，类似于从微观上看到的我们自己身上发生的变化，这些变化更为迅速且可以被人观察到。

我可以将它重新表述为：

　　　　山脉和丘陵经历着与低地和河流相同的侵蚀过程，只
　　是前者的速度要慢一些。类似于棒球运动员身体的变化。

　　我在这里做的是把一条单一的信息分成两个不同的短语，其中一个是我自己构思的。这是一种用于记忆的强大工具，也是让信息变得对我来说更有意义的好办法。我还补充了一些关于棒球的内容，因为我喜欢棒球。如此一来，等到将来回头再看笔记的时候，我立刻就能理解这个概念了。在阅读整本书的时候不断重复这样的过程，本身就可以增强学习能力。

　　学习的背诵阶段十分重要，许多媒介都可以被你利用来进行这项工作，而且你可以采用多种方法来表述你的问题并且重写书中内容。

　　回到我们的欧洲电影史这一例子当中。如果你在看英格玛·伯格曼（Ingmar Bergman）导演的《第七封印》（*The Seventh Seal*），你可以写下它对《圣经》（*Bible*）的引用、电影中的美术设计（art direction）、它对中世纪文化的理解或摄影等方面的问题，也可以写一篇电影的摘要或者制作一则关于该电影的视频博客，并处理与你的问题最相关的重要信息。此外，

你还可以将它与伯格曼执导过的其他电影进行比较，或者注意他的导演风格与你正在了解的其他导演的相似之处。但重要的是花时间重新组织和背诵新的知识，让它们对你而不是对别人产生意义。

复习 SQ3R 法的最后一个阶段是温习你学过的材料，重新熟悉最关键的要点，并且培养记住阅读材料的技能。

罗宾逊以周为单位来更细致地划分这个阶段，但我只提一些一般性的方法，不做时间上的硬性规划。这些方法包括：对重点部分多提问题；如果可以的话，口头回答一些问题；做复习笔记；为重要概念和术语制作抽认卡片。总之，任何一种有助于你深入钻研、吸收消化和记住信息的练习，都是可行的。不过，抽认卡片的方法尤为有效。

这一阶段的目的在于加强你对材料的记忆，但它的作用不止于此。它可以帮助你理解一开始你可能没有注意到的不同方面之间的联系以及它们的相似之处，并将概念和观点放到更广阔的背景之中供你研究。这一步还有助于提高你的思维组织能力，以便将这个练习运用到其他课题。

把这个阶段想象为调查阶段自然而然的延续。现在，你已经对你自学的知识具备了一个大致的了解，而且深入到了基本的细节，所以你应该后退一步重新评估所学内容，并且更新你的知识，对学习对象的各部分做出更准确及更有洞察力的联系。把温习这个步骤与记忆的步骤结合起来，你的自学之路将变成一条坦途，你将找到一条获取专业知识的捷径。

地质学书籍上出现的很多术语，我都可以把它们写在抽认卡片上，比如"单斜层"（monocline）、"层理"（stratification）、"冰川刨蚀"（glacial scour）等。我现在就可以掏出记号笔将它们写下来，但我也可以采用流程图或者其他视觉媒介来描绘冰川作用的过程。具体而言，我可以制作一个关于地球年龄的时间表，并把它与每个时代发生的最重大的地质变化联系起来。我还可以记下书中出现的一些问题，这些问题要么没有得到解答，要么让我想对它们进行更全面的研究。

你可以采用同样的方式使用复习阶段的大部分要点来为其他学科制定学习计划。在我们自学欧洲电影史的例子中，你可以为欧洲电影导演制作一个目录或者创建一个数据库，来概述他们的作品、主题或风格；你可以制作抽认卡片，帮助你回忆不同欧洲电影风格的重要方面，比如"新现实主义"、"意大利铅黄电影"（giallo horror）、"意大利式西部片"（spaghetti Western）和"法国视觉系电影"（cinéma du look）等。当然，你还可以把学到的东西写下来，采用的方式要么是书面文字形式，要么就是视觉图表。

SQ3R 法不是说着玩的。它详尽而细致，需要耐心和敏锐的组织工作才能做到。但如果你愿意耐心处理琐碎的事情，下定决心，认真地、一步一个脚印地走好每一步，你会发现它对学习复杂的科目极有帮助。每次你按照这种方法来自学，得到的学习过程都会比上次简单一些。

在解释 SQ3R 法时，我们简要地浏览了组织和注释的作用以及它们影响自学的方式。毕竟，你不能只在自己的脑海中安排好所有事情，然后指望这种安排是能够起到作用。当你最终需要把学到的或组织起来的东西写下来时，如果还能采用一种特别的笔记方法，你将最为受益。

康奈尔笔记法：记下思考"漏洞"

最为著名的笔记法叫作康奈尔笔记法（Cornell method），其中的元素与我们前面讨论的内容有关。它们是这样的：

将一张用于手写的笔记纸片（手写是关键）从中间分成左右两栏，使右栏的大小约为左栏的两倍。将右栏标记为"注释"（Notes），左栏标记为"提示"（Cues）。在页面底部留出几英寸（1 英寸 =2.54 厘米）的空白，并将该部分标记为"摘要"（Summary）。

49

康奈尔笔记法（Cornell method）	
提示（Cues）:	注释（Notes）:
摘要（Summary）:	

　　现在，笔记纸片上有了三个不同的部分，但你首先只在右栏的"注释"中做笔记。在这里，你可以对宏大的概念进行正常的记录，并且尽可能简洁地提供它的细节。你需要在这里写下你在彻底评估自己正在学习的内容时所需要的全部东西。一定要在各个要点的中间留出一些空间，以便你能在读到后面的要点时填写更多细节和说明。你还可以画一些图表，必要时做一张列表，尽最大努力去掌握重要的内容。

　　在开始做笔记时，不必总是想着组织信息或突出重点。把你听到的、读到的和手头学到的写下来，将其尽可能完整地描绘成一幅图画。在右栏中多做记录，因为此时你只想捕捉信息。做笔记时不要区别对待，因为等到你再读一遍笔记时，就会明白什么是必要和重要的。

做完笔记后，把重心转移到左边的"提示"栏。在这里，你要过滤和分析你在"注释"栏中记下的内容，并且将其中的重要部分写在"提示"栏中。当"注释"栏更像是一团乱麻时，"提示"栏的内容则是对你正在阅读的主题进行一种条理性更强的叙述——这两栏中出现的内容基本上是一些相同的信息。

把 5 句普通的笔记变成 1 ~ 2 句带重要观点和论据的句子。想象一下这样一幅画面：左边是一组有组织的语言，简要概括所有内容，而右边是一堆乱七八糟的文字。因此到了这一步，你已经达到了我们之前提到的做笔记的第二阶段。你已经比平时的水平提高了一个层次，并且可能已经快速浏览了笔记纸片的内容，马上知道笔记是关于什么的。

最后，在填好了"注释"和"提示"之后，转到底部的"摘要"栏。

在"摘要"栏里，你要试着将刚才做的所有笔记概括为几个最主要的观点和陈述，其内容只有几条重要的事实支撑或者对某一规则的例外情况所做的说明。你要用尽可能简洁的语言概括尽可能多的内容，因为当你在审阅笔记时，你希望的是能够快速理解所学材料，而不是一遍又一遍地解构和分析所学内容。

这时，你可能会浏览"摘要"和"提示"栏中的内容，然后将学习继续下去。在此之前，你手头只有一页杂乱的注释；而现在你有了一些简短的"摘要"，可以立即理解新的信息了。这些"摘要"还使你能够更加有效地记忆，因为它们只是几句话，不是你每次都要分析的一张张写满字的纸。此外，哪怕你再将那些"注释"综合一遍也无妨。

举个简单的例子，我们为什么不复习一下这节课讲的内容呢？假设我们正在围绕"康奈尔笔记法"这个概念本身而做笔记，那么在右栏中，你必须尽可能多地捕捉信息。右栏的内容不应逐字逐句地写下来，你必须用简短的短语来做笔记。

但是，这种做法并不会显得十分井井有条，它只是基于你刚刚看到的大量信息来做笔记。所以在左栏中，你必须记下一些更短的短语，比如四个阶段的笔记、每个阶段发生的事情、康奈尔笔记法是怎么回事，以及它们为什么对于更有效的学习如此重要。

至于"摘要"栏，你将在那里把这节课学到的所有内容浓缩成一两个句子，也就是：学习分为 4 个阶段——记笔记、编辑、分析和反思。康奈尔笔记法迫使你经历这全部 4 个阶段，并且通过 3 栏中的内容来帮助你更好地组织信息，以便根据它们采取行动。

现在，你已经制定了自己的学习指南。如果你能做得更好的话，你还会从原始注释到信息综合再到摘要，把制定学习指南的整个流程记录在同一张纸上。你记录下来的信息，使你想要深入到什么地方就能深入到什么地方，或者使你能够参考你想要参考的任何东西。最重要的是，你创造了一些对你个人来说有意义的事物，因为你用自己的方式理解了这些信息的意思。你努力使信息适应大脑中的规划，而不是反过来使大脑的规划适应信息。

总的来说，记笔记不是一种懒惰而被动的行为，这一点是优秀笔记的真正精髓。它们的作用是为你提供参考，帮助你立即理解所学内容及发现有用的信息，而不是到最后使你不得不去破译它们。如果你必须先尝试理解别人对结构和组织的看法，这是行不通的。

《认知天性》（*Make it Stick*）一书的作者彼得·布朗（Peter Brown）简要地指出了做笔记的重要性：他坚定地认为，当学习过程中不付出任何努力时，学习不会持续太久。

在布朗引用的一项研究中，研究人员让学生逐字逐句地摘抄某些材料，同时又要求他们用自己的话重新表述其他材料。当这些学生后来接受测试时，他们比其他人更能清楚地回忆起材料上的内容。

对学生来说（而不是对教授来说），老师直接提供讲义笔记可能很方便。但这种做法本身排除了学生的努力，会妨碍他们的自主学习。事实上，学生付出的努力和精力越少，学习效果就会越差。

笔记其实反映了你的大脑处理，理解和记忆信息的方式。这意味着你需要确保自己有一个良好的基础来开始你的学习。

自学者运用信息的最后一种最佳实践方法是自我解释法。同样，你也可以从 SQ3R 法中辨别其中的要素，特别是关于背诵的部分。

自我解释法：填补知识盲点

自我解释只是听起来简单而已，但是我们有一套让它真正简单化的方法。它指的不仅仅是大声地思考，还包括解释和阐明信息，以确立知识和盲点的评判基准。

盲点是指我们尚不知道却没意识到自己不知道的那些东西。但通过自我解释，你很快就会清楚你不知道的是什么，还可能会发现，你不知道的东西可能比你想象得多很多。下面我会说明一下，自我解释在现实生活中是如何表现出来的。

如果你和 7 岁以下的小孩子在一起，你可能已经目睹过（如果你是一位有经验家长）一种所谓的"为什么链条"现象。起初，孩子们会围绕这个世界的某种现象提出第一个问题，比如"雨是从什么地方来的？"。在听到我们的答案（"来自云"）后，他们会继续沿着一条看不到尽头的提问之路走下去，以得到一个确定的、最终的答案。比如，他们会问："为什么云在雨里不控制着雨呢？""为什么云落到地面上之后，不能保持像天上那样的形状呢？""为什么晴天的云不让雨落下去呢？"

是的，这些问题可能会让大人感到无聊，但它们反映了孩子们对确定答案的无尽好奇。这是他们的天性。（当然，对于父母来说，他们会更早地拥有类似的经验。）

仔细询问与孩子般的探究相似，只不过它涉及的是成年人能够探究更高级的课题。

简单地说，仔细询问就是努力去解释为什么书本中陈述的事实是真实的。通过仔细询问，你会知道是什么在促使你去理解知识，也会知道你不理解的是什么。

在进行仔细询问的过程中，学习者会探究某些概念到底是怎样发挥作用的，以及为什么它们能够发挥作用。在这种探究中，没有什么是确定可靠的。学习者必须浏览学习材料以确定答案，并尝试找到他们学过的所有观点之间的联系。你能回答简单的问题吗？或者至少能知道答案可能是什么吗？

问"为什么"比问"是什么"更重要，后者主要与识别和记忆的性质有关。提出几个"为什么"的问题，能让人们更好地理解特定主题的元素和原因。

我们可以记住一朵花的所有部分，如花瓣、雄蕊、雌蕊、花托，诸如此类，但名字本身对我们来说毫无意义。我们必须问，花的每一部分都有些什么功能，以及为什么这种功能与花期息息相关。

这种方法是有效的，因为它很简单，任何人都可以轻松应用。然而，仔细询问需要你具备一些关于这个话题的知识，这样你才能为自己提出可靠的问题。

假设你正在学习 20 世纪 30 年代的大萧条历史，那么仔细询问可以这样进行：

你首先要问，什么是大萧条？ 这是工业化世界最大规模的全球经济崩溃。

什么导致了大萧条？ 这里包括少数几个关键事件，如 1929 年 10 月的股市崩盘、9 000 多家银行的倒闭、消费者支出下滑、对欧洲进口商品征收高额关税，以及农业领域所要面对的干旱。

让我们谈谈股市为什么会崩盘？ 一些专家对借券卖出（或者称为保证金交易，Margin Selling）、英国股市下跌、失控的投机行为以及钢铁行业某些可疑的商业行为感到担忧。

借券卖出？那是什么？它是怎样操作的？为什么它会出现问题？ 借券卖出是指投资者从经纪商那里借钱购买股票。在大萧条到来之前，运用这种方式来购买股票的投资者太多了，多到绝大部分股票都是用借来的资金购买的。由于这种方式运行得十分顺畅，以至于它最终推高了股票价格。而当资产泡沫破灭时，股票价格下跌了。在股价下跌之后，由于投资者没有资金来偿还之前买入股票时所贷的款，因此当股民全部抛售股票时，经纪人和投资者全都无利可图。

在这里，询问的链条仍在继续。你需要使用学习材料获得以"为什么"和"如何"等词发问的那些问题的答案。一旦充分确定了答案，你就会回到大萧条和股市崩盘的其他方面，并确定它们之间的相互关系。借券卖出是怎样影响银行的？借券卖出与消费者支出下降有什么关系？干旱是否影响了美国与欧洲的贸易？

仔细询问的重点是确保你的理解没有漏洞。如果你能经得住自己的询问，那就很可能挺过测验和考试，并且能够应别人的要求来教导他们。你可以从新闻提问法开始，即所谓的5W1H：谁（who）、什么事（what）、在哪里（where）、什么时候（when）、为什么（why）、事情怎么发展（how），然后转向事件前后的背景（这是如何发生的，之后又发生了什么），以便更好、更全面地开始理解所学内容。

可供你进行仔细询问的范围实际上是无限的。例如，学习数学的学生可以采用这种方式来分解高级计算，并且确定解题模式，这可能有助于你将来解答更高层次的数学题。如果你正在学习人类生物学，可以利用这种方式来辨别导致高胆固醇或心律失常等疾病的具体诱因。即使是文学专业的学生，也可以运用这种方法来研究特定作者作品中的主旨、观念倾向和讨论话题。

仔细询问是一种自我解释的方法。你是在测试自己，然后把自己放在是否能够回答这些问题的现场。你应当能够理解，这种方式将让你明白自己在哪个方面缺乏理解，以及在哪个方面没有掌握足够多的事实。拥有知识当然对学习很重要，但有的时候，在所学的知识中扫除盲点也同样重要。

费曼学习法："只要我不能创造的，我就还不理解"

仔细询问是一种向自己提问并促使自己观察信息背后的全

貌的形式。你可以使用的方法包括新闻提问法和事件前后脉络及背景问题提问法。

费曼技巧（Feynman technique）以诺贝尔奖得主、物理学家理查德·费曼（Richard Feynman）的名字命名，是另一种进行自我探讨的方式。费曼被称为"伟大的解说员"，他能够为几乎所有人清楚地阐述量子物理等深奥的话题，因而备受尊敬。大卫·古德斯坦（David Goodstein）在《费曼失落的讲座》（*Feynman's Lost Lecture*）一文中写道，费曼为自己能够使用最简单的语言解释最复杂的概念而感到自豪。这源于他在普林斯顿大学读书时的学习技巧，而他当上了物理老师和大学教授后，又改进了这种方法。

> 世界上最擅长思考的人长久以来在用的一个窍门就是简化——用小孩子都能听懂的语言解释事物。

我们大多数人在一天中的大部分时间都会进行某种形式的内心独白。在解决问题的过程中把这些对自己说的话用语言表达出来，会促使你更加注意自己思考问题的方法。

　　如果你正确地采用了费曼技巧，你就能用它证明自己是真正理解了某个主题，还是忽略了某些重要的概念。这种方法也适用于几乎所有你能想到的学科，让你看到知识中需要被填补的空白。

　　如果你觉得你的解释冗长累赘、漫无边际或者拖沓含糊，那么你可能并没有像你所想的那样紧扣主题。

　　费曼学习法在科学和技术科目中特别有用，但它其实适用于任何科目。文学专业的学生可以用它来缩小研究范围，历史专业的学生可以用它来阐述事件和历史学的模型，公民学专业的学生可以用它来理解生活情况或者城市问题——至于你怎样使用它，真的没有限制。你要做的就是如实回答你问自己的问题，只要做到了诚实，你很快就会发现自己需要把注意力集中在哪里。

　　费曼学习法是对仔细询问法的一种特别应用。记住，我们的目标不是真正回答问题，而是为了发现你不能回答哪些问题，这就是它所发挥的作用。费曼方法有 4 个步骤。

第一步：选择你的概念

　　费曼学习法的应用非常广泛，所以让我们选择一个可以在整个这一小节中都能使用的概念吧，它就是重力。假设我们想要了解或者向别人解释重力的基本原理，当然这明显要取决于你目前正在学习的内容。

第二步：用平实的语言写下你对这个概念的解释

你能做到吗？你觉得这很容易还是很困难？无论如何，这是真正重要的步骤，因为它将准确地说明你已经理解了重力概念的哪些方面，并且发现这个概念中还有哪些方面是你没有理解的。现在，用一种对这个概念一无所知的人也能明白的方式，尽可能简单而准确地解释它。

回到我们所使用的重力概念，你会怎样定义重力？它是使得小质量物质被大质量物质吸引的那种力吗？它会不会是让我们坠落的那种力？或者，我们的星球是不是就是这样形成的？你能回答这些问题吗？或者你只会说："嗯，你知道的……重力就是重力！"

这一步可以让你找出你的盲点，也让你知道，你的解释从什么地方开始就站不住脚了。如果不能完成这一步，那么显然你对重力的了解并不像你想象的那么深，而且你也不擅长向别人做出解释。

你也许能解释受重力影响的物体会发生什么样的情况，以及重力全无时是怎样的情景。你也许还能解释重力的原因。但在这两者之间的一切，或许都是你自以为知道却不断遗漏的东西。

第三步：找到你的盲点

如果你不能在前面的步骤中简短地描述重力，那么很明显，你的知识还存在很大空白。你需要开始研究重力，并找到一种简单的方式来描述它。你可能想到这样一些说法："这是一种由于物体的重量和质量不同而导致较大物体吸引较小物体的力。"不论你无法解释的东西是什么，它都是你必须认真对待的盲点。

以简单的方式分析信息并将其分解，展示了对知识的掌握和理解。如果不能用一句话来概括，或者至少不能简洁地概括一个概念，那么这说明你仍然存在一些盲点需要学习。

费曼学习法很容易就能让你发现自己不知道的东西，并确保你理解了你正在做笔记和学习的概念。我鼓励你花点时间来尝试一下：哪些看似简单的概念是你完全能够解释清楚的？你是真的能解释清楚，还是你的解释只是表明你在这个过程中对某个知识点缺乏理解？

第四步：使用类比

最后，为这个概念创造一个类比。它是第三步的延伸。在概念之间进行类比，需要了解每个概念的主要特征与性质。这一步的目的是什么？这个步骤是为了证明你能否真正地在更深的层次上理解这个概念，并且使它更容易解释。你可以把类比看作对你对概念是否理解的真正测试，并且把它当成检验自己的知识是否仍然存在盲点的测试。

例如，重力就好比你把一只脚伸进水池，水面上的落叶被你的脚所吸引，因为它产生了看不见的影响。那种影响就是重力。

这个步骤还将新信息与旧信息连接起来，并且让你借助一个有效的心理模型来更深入地理解或阐述概念。当然，如果你做不到第二步和第三步，也就不太可能做到第四步，但有些时候，即使你能做到第二步和第三步，也发现自己做不到第四步。如果做到了第四步，你就已经理解了你的知识疆界，并且更好地掌握了你的知识。

费曼学习法是这样一种方法，它能让你快速发现你实际上知道的和你以为自己知道的东西，它能够帮助你巩固知识库。当你不断向自己解释概念并简化自己的解释，却发现自己解释不清而且无法简化时，你就会明白你所知道的并不像想象的那么多。

记住，这是仔细询问法的另一种延伸，你通过提出一些问题来测试自己，这些问题将让你发现自己对某个概念到底是已经完全理解了，还是并没有理解。

运用信息，换句话说，就是理解页面和屏幕上的内容，并在以后的时间里使其对你有用。简而言之，这就是学习，但是在传统的课堂环境之外，你应该接受一些最好的实践方法。

首先，SQ3R 法，你一定要用上它。

它指的是调查、提问、阅读、背诵、复习。这不仅是向一本书进军的过程，而且是向整个学科和领域进军的过程，也是你自学任何知识时要运用的规划。大多数人会使用 SQ3R 法的某些要素，比如阅读和复习，但如果没有其他要素作为补充，你既无法全面地对所学内容加深理解，也很难深入钻研你的研究对象。

其次，康奈尔笔记法，也一定要用上它。

康奈尔笔记法将做笔记的过程分为三个部分：记笔记、写提示、撰写摘要。通过这种方式，你可以制定自己的学习计划，并根据自身需要提供尽可能多的细节。事实上，即使你已经把这些信息浏览了三遍，也没什么坏处。

最后，自我解释法，你一定要做好它。

当我们被迫通过自我探究来解释概念时，我们会很快发现自己知道的和不知道的东西。不知道的东西，我们称为盲点，它们比你想象的要普遍得多。你能解释为什么天空是蓝色的或者重力如何发挥作用吗？也许你认为你已经理解了这些概念，但你也可能还没有彻底掌握。费曼学习法是自我解释法的一个分支，它也有助于发现盲点，而且增加了类比的方法来要求你解释你认为自己知道的东西。

你我都是费曼学习法的践行者

记得我第一次踏上奥地利的时候是在 9 月末，高中所在的小城已经进入了阴冷而萧瑟的秋冬季节。最初留学的几个月里，我都是听着神学频道入睡的。之所以选择神学频道，是因为他们的德语说得慢，还有催眠作用。

晚上 10 点以后，伴随着字正腔圆的德语，我逐渐在恍惚中睡着；但过了 1 ~ 2 小时，我又会被电波吵醒，发现自己的脚还是凉的，于是蜷缩着，厌倦地伸手关掉电台，再次入睡。我可以告诉你，房间有暖气，被子也厚，但你的脚就是冰的，直到后半夜才会暖。这里面没有什么物理学原理，只是我的留学经历中最真实的瞬间。

就这样，经过数月不间断的听说训练，我的德语已经达到交

66

流无碍的程度，学校老师也开始让我参加口语形式的小型随堂考。这种考试是奥地利中学的一大特色，由于一个班也就十几二十来号人，几堂课就能考完全班人。带着初中养出的应试惯性，我在哲学课考试前花了一些时间背诵老师划定的考试范围。背教材很不容易，要逼迫大脑装下别人的东西，但好在我的记性不坏，口试时根据老师的问题将教材答案"复制粘贴"了上去。只是，老师见我回答的都是书上的话，非常讶异，要求用自己的话复述一遍。我纵然有些失落，也只好照做。结果，第二遍的回答磕磕绊绊，半天讲不清楚某个哲学理论的来龙去脉。

这次考试给我的震撼远不止一个令人失望的成绩；它让一个少年忽然开了窍：如果不能用自己的话复述正在学的知识，那么这些知识就还不是你的。后来不管是考试还是学习文科课程，我都会有意无意用上奥地利随堂考启发我的方法。

我并没有给这种方法命名，但美国的高人气博客"学习黑客"的博主——畅销书《如何在大学里脱颖而出》（*How to Win at College*）作者卡尔·纽波特（Cal Newport）给了它一个名字："测试—回忆"法。比如你在看政治学的书，就可以随手记下自己想到的问题：这个理论的代表人物是谁？它是什么时候公布的？它包含了哪些内容、产生了哪些影响、遇到了哪些反对观点？接着把这些问题当作你要解答的论述题，用自己的语言将答案响亮地说出来；不要用文字回答，毕竟动嘴明显比动笔更节省时间。

说答案的时候，尽量确保自己的句子正确、完整、不停顿，因为越是清楚地用自己的语言表述思想，越能说明你掌握了相关知识。另外，不要坐在桌前，应该站起来在房间里来回踱步、大声说答案，想象自己正对着一群听众进行演讲。虽然一开始很难适应，但随着第一句话从嘴里蹦出来，你将逐渐进入状态，对着想象中的听众"指点江山"。这就是情绪的作用，它能激发你更好地使用大脑。

其实这种方法再往前走一些就是本书介绍的费曼学习法。因为你在用自己的语言解释某个理论的时候，总会想要找到一句简单的话来搞定知识点，毕竟没人觉得复杂、拗口的句子能帮自己记住东西。当你做不到简单概括时，你的盲点就暴露了。这就是费曼学习法的精髓之一。

我们都会不自觉地使用费曼学习法或准费曼学习法；我是这样，相信你也不例外。举个例子，你是否给别人讲解过题目，或复述过别人讲给你听的解题过程？我在《人民日报》的微信公众号看到了一篇关于中国好舍友的报道，说的是山西大学的李世斌在期末考试前给舍友义务补课的事情。李世斌说，给室友上课、解题对自己帮助也很大，能帮自己查缺补漏。一位室友说，课程难、老师讲课快，像定积分、不定积分这些知识点以前自己根本下不了笔，在世斌那里补习后再也不至于无从下手。

能把高数等理工学科讲清、说透实属不易，不仅要用谁都能听懂的话（也就是说"人话"）精简教材内容，必要时还得用上类比，让别人更直观地理解某个知识点。而类比正是费曼学习法最困难的一步。

回忆一下，你是否也有过与我和李世斌类似的学习经历？另外，读完这篇文章，你又是否对费曼学习法有了更多认识？

第3章

**The Science of
Self-Learning**

4 大高效阅读技巧，
让思考升维

既然贪多嚼不烂，那么阅读更要讲究策略

事无巨细的阅读耗时耗力效率低，"打卡式"阅读浅尝辄止质量低。而快节奏的生活、碎片化的时间、多任务并行的工作无疑对学习的效率和质量提出了更高的要求。你需要在激活脑力的基础上采取高效阅读的方法，垂直深入知识领域，拓展成长的边界。

潜力好比可延伸的血管，能够通过我们一生中经历的各种各样的事情来创造。学习不再是挖掘某人潜力的方式，而是开发这种潜力的方式。通过训练，我们可以创造自己的潜力。

上一章内容与如何巩固你对新知识的理解有关。我们学习了各种各样的技巧，这些技巧都是经过科学设计的，目的是更好地帮助你理解你不知道的东西。

我们进行学习的下一个步骤与阅读有关。

你可能会问，"我从孩提时代就开始阅读了，还必须学些什么吗？"事实证明，你可能从未学习过如何快速有效地阅读。不管你之前是怎样做的，你所做的一切，都已经足够应付过去的东西了，但是，学会更好地阅读和记住更多的知识，本身就是一种技能。它不只是被动地吸收你已经习惯吸收的知识。

不论你学习的是什么，很有可能最终都要通过阅读了解它。对此，你读得越多越好；也就是说，如果你读得越快越高效，你的学习也会越快越高效。那么我们如何才能做到这一步？

只要在某一领域阅读足够多的书籍，你最终就能成为该领域的专家。但是，尽管阅读是如此重要，大多数人在阅读方面却极其低效。很多人就像一个只学会了在地上爬的孩子，尽管他们拥有的阅读能力足以让他们四处爬，但他们距离站起身子并跑步前行还远得很。

　　成年人的平均阅读速度为每分钟 300 个英文单词。如果你想知道自己每分钟阅读的单词数，可以参加各种在线阅读和理解测试来评估你目前的水平。史泰博公司（Staples）开展的一项快速阅读测试显示，人们平均每分钟阅读的单词量是：

　　三年级学生：150 个单词

　　八年级学生：250 个单词

　　普通成年人：300 个单词

　　普通大学生：450 个单词

　　普通企业高管：575 个单词

　　普通大学教授：675 个单词

　　很明显，这样的速度对我们的自学不太有利。想一想，如果你每分钟能多读 100 个单词，会有什么不同的效果。你读完一本书的速度可能会比之前快 25% ~ 33%。如此一来，你可以将更多时间花在重要的事情上，也就是分析和思考知识，而不是盲目地接受知识，或者你可以在完成阅读任务之后，把时间用在其他追求和爱好上。

本章将教你如何读得更快并记住更多。你可以从阅读和记忆这两个方面学到最好的方法。重要的是，你要注意，把快速阅读当成在几分钟内就读完一本书，这很大程度上是一种错误的观念。世界上也许只有几位特殊的学者和天才能做到这一点，但对我们其他人来说，大脑无法像电脑那样快速地处理信息。

训练自己在记住更多知识，同时提高阅读速度的四大技巧是我将要介绍的内容，当然这些技巧只针对普通人。你将亲眼见证，快速阅读本身并不是一个神话，你可以用它来追求更高效的学习。接下来你要做的是停止默读、训练自己拓宽视野去发现更多东西、有策略地浏览重要信息，并更好地集中注意力。现在，我们将从停止默读开始。

停止默读：阅读时的"自动化"思考训练

什么是默读？当你开始阅读时，你可能会大声读出来。你的小学老师想让你读书的时候会说"请大声朗读"。而当你熟练掌握了这项技能后，老师会让你只在脑海中默念单词，然后安静地阅读。

　　说到阅读，我们的潜意识往往会把书本中的单词都发出声音来，但这要花不少时间，因此我们的阅读速度也会受到限制。尽管我们不大声读出来，但我们的大脑会无意地念出来：这就是所谓的"默念"。大多数的阅读教育和技能传授，都到"默读"这一步为止。

　　要想达到新的水平，你必须停止在脑海中默读。默读需要的时间比理解你正在阅读的单词所需的时间还要长。默读时，我们的速度几乎不可能超过每分钟 400 个或 500 个单词。即使你能达到这样的速度，听起来也像你的心脏病发作了，因为你在脑海中对自己说话的语速未免太快了。

　　我们大声读出一个单词时，需要一定的时间来发音。然而，我们在阅读的时候，实际上并不需要发音，因为我们可以简单地"吸收"单词发音。不仅如此，你要训练自己的大脑在没有听到单词读音的前提下进行阅读。

　　如果一个人的阅读速度大约是每分钟 1 000 个单词（完全有可能做到而且你可以被训练到这个地步），那么他在处理单词的时候就不可能在大脑中听到自己读出的声音。相反，他只是眼睛看到了这个单词，大脑随后会将单词的意思提取出来。

　　这就是我说的，在不大声念出单词的情况下理解它们的意思；这也正是停止默读的要义所在。然而这一点听起来不容易做到，因为默读是一个很难改掉的习惯！

由于大多数人目前无法区分默读和理解，因此他们的阅读速度被困在大约每分钟 400 ~ 500 个单词。想要超过这个速度，你需要接受这样一个现实：你的思想和眼睛，比你的嘴巴读得更快。

首先挑出某段话中的任何一个单词，然后在完全安静的状态下看一会儿。看着它，而不是在心里重复它，想一想它代表了什么，是什么意思。当你思考它的含义时，你甚至可以在心里描述它，而不是在脑海里大声读出来。尽管这样做仍然会有一点默读的成分，但是仅仅只是盯着单词而不发音，新的习惯也会开始慢慢养成。

刚开始的时候，这一步可能会让你觉得晦涩或抽象，这完全正常。它甚至让你觉得不可能做到，这也很自然，因为你正在从根本上改变你获取知识的方式。你的重心只是看单词，而不是渴望在脑海中听到单词的读音。

接下来，在某个地方选一个句子，你甚至可以自己写下一句话。当你读它的时候，不要默读，而是尝试评估它们对你的价值。

具体做法如下：

首先，在你的脑海中想象这句话；

其次，边读边哼，因为从严格意义上讲，你在哼的时候就根本不可能读；

最后，同样的道理，你可以一边嚼口香糖一边练习阅读，以便你很难下意识地默读。

你只是用别的事情占据了你内心发出的声音，但你在有意让这个过程发生。例如，用"蜜蜂来了"这个句子为例。不要说出这句话，只要想象一下那是什么样的场面。现在，你就从这里开始吧。

默读很难摒弃，但很明显，你的思考比说话速度快，所以你会明白提升阅读速度多么重要。

提高阅读速度的下一步是训练和锻炼你的眼睛——让它们处于良好的状态，以便更快地阅读。毕竟，你的眼睛也是肌肉，所以你必须训练它们来承担更大的工作量。

眼部训练：用感知力改变思维的宽度

学会进行更快、更高效阅读的下一个主要步骤是训练眼睛。你的眼睛是肌肉，所以需要训练，为更快速地阅读做好准备。很明显，对你的眼睛来说，这时的工作量比你平时已经习惯的工作量更大。

如果你是为了休闲而阅读，那么你的眼睛几乎不需要怎么动，但快速阅读是一项需要时间和精力的专注活动，而且它能产生很好的效果。

在正常的阅读过程中，你的眼睛不会固定在某个地方。科学家开展的眼球追踪研究表明，你的眼睛实际上会颤抖，并且四处移动，这叫作扫视。

在阅读文章时，每次你的视线离开原来的位置，都需要几毫秒的时间来自我调整和重新聚焦。所有这些微小调整都改变了你的视线在书本中所处的位置，它们的目的在于大幅度提高你的阅读速度。

训练教会了大脑对视觉信号进行更好的处理，这反过来使人能辨别更加细微的细节，不需要改善来自眼睛本身的信号。

实际上，你并没有在训练自己更多地移动双眼，而是在训练它们做出更少的移动，并且让它们以一种更加可控的方式避免精力和努力的浪费。这比你想象中的更容易，但它可能会让你觉得自己又回到了小学时代。

有两种方法可以做到这一点。第一种方法是用你的手指或者任何其他物体作为指针；第二种方法是增强你的周边视觉（Peripheral vision），学会把注意力集中在大块单词而不是单个单词上。

我们常常认为，在阅读时用手指来指引自己，是专为孩子提供的做法，但是，孩子们只要掌握了阅读的窍门，就会忘记这一点。然而这种技巧其实很重要，因为它让你走在正轨上，确保你不会分心或浪费精力。

在学习快速阅读时，这个技巧又派上了用场。时时刻刻都用你的食指指示你在书页中看到了哪个位置。食指应当跟随着你当前正在阅读的单词，慢慢地在每一行中移动，然后向下换一行。刚开始你可能会觉得很别扭，甚至在你调整阅读习惯的时候，速度会暂时变慢，但如果你想提高阅读技能，用手指作为指针是至关重要的。

由于手指移动的速度比你实际阅读的速度快，你的眼睛将逐渐习惯快速阅读文本，其速度就会比大脑处理文章内容的速度更快。

这将打破你对默读的依赖，而且，只要进行足够的练习，你很容易就能提升阅读速度。

在把手指当成指针时，你的主要目标是以非常均匀的速度移动手指。你绝不能半途停止移动手指或者突然间放慢移动速度，而应当匀速从文章的一边滑到另一边。

现在就试着一边移动手指，一边阅读你面前的任何书面文字。你甚至可以在这堂课上暂停一分钟来试着这么做。你可能觉得这样做很傻，但你会发现，用手指沿着每一行滑动可以使你的眼神专注地移动，甚至迫使你更快地阅读。

在提升阅读速度的过程中，最重要也是最简单的一个领悟在于，你在阅读时要意识到你的视线移动了多大距离。对于普通人来说，他们如果不往回看，就无法将视线沿着一条流畅的直线移动。如果你开始注意你的眼睛，我可以保证，你会发现自己的视线有多么频繁地向后移动，然后向前移动，然后又向后移动。从长远来看，这些移动会增添到你的整体阅读体验之中，甚至一开始可能让你无法完成阅读。

除了用手指当成指针和减少多余的视线移动之外，锻炼眼睛的第二种方法是进行眼睛凝视。眼睛凝视是将眼神停留在页面上的某个位置。眼睛凝视次数少的读者阅读速度更快，因为他们每次凝视时能够吸收更多单词。

你的视野越宽，凝视时能看到的单词就越多，阅读速度也就越快——当然，你在文章的任何一页上凝视的次数也越少。所以，要进行眼睛凝视，我们必须拓宽眼界，尽量让自己能够一次看到更多的东西。对于快速阅读来说，能够一次看很多单词，是至关重要的。我们的目标是不再只是每次看一个单词，而是看一大堆单词。

你要想方设法增强你的周边视觉。黄斑视觉（Macular vision）是你视觉的主要焦点。当你直视某个物体时，你就在用黄斑视觉看它了。周边视觉看到的是你在黄斑区以外区域看不太清楚的东西。因为眼睛的视网膜上的受体细胞集中在中央，而不是集中在边缘，所以在周边视觉中，我们很难分辨物体颜色和形状（尽管你可以迅速地让视线移动）。

但你可以看到黄斑区边界的上、下、左、右四个区域，关键是你需要提高周边视觉以便更快阅读，并且减少眼睛的凝视，所以你必须锻炼自己的眼睛来做到这一点。

每只眼睛都有六块肌肉，这些肌肉控制着眼睛所做的全部动作，包括让眼睛向上、向下和向四周看的动作。眼部肌肉也能帮助你的眼睛聚焦近处的物体和远处的物体。就像身体其他肌肉一样，运动有助于眼部肌肉获得力量和灵活性。此外，一些经过特殊设计的运动可以帮助增强眼部肌肉的力量和灵活性，这一点也和锻炼身体其他肌肉是一样的。

这里有一个简单的眼睛训练方法，旨在帮助增强眼部肌肉的灵活性，提高阅读速度。

首先，你要坐着或站着，注视前方。接下来，假装自己是一架飞机，把两只手向两边伸出来，两个拇指向上指向天空，保持这个姿势。

其次，将你的头挺直，向右移动眼睛，直到你能看到你的拇指。如果看不太清楚，就把眼睛尽量向右边移动。然后向左边瞥一眼，同时确保脑袋不动，面向前方。重复一次刚才的动作，试着保持脑袋不动，只动眼睛，如此一来你就可以让视域向两边伸展，锻炼眼睛的相关肌肉。

再次，继续先从右向左，然后从左向右看，再看 9 次。以重复 10 次这样的动作为一组，每次完成三组运动。

最后，你的眼睛会感到很累，会有一种奇怪而陌生的感觉。

尽管看起来不像是这么回事，但是，这种拉伸和锻炼眼部肌肉的训练，确实会拓宽你的视野。以前你只能聚焦一个词，现在你可以在视觉上聚焦两个或三个词。当你的周边眼部肌肉变得更强壮时，你甚至可以发展到一眼就能看一整行文字。关键是哪怕你每次只看两个词，你的阅读速度也会比原来提高一倍。这项技术，连同使用手指或物体当作指针，将使你的阅读效率得到极大提高。

训练自己更好地进行阅读的下一步是讲究策略地略读，并且明确自己要寻找的信息与可以省略的信息，以便发现重要的知识。

策略式略读：管理你所读的内容

提高阅读速度的下一步是在停止默读和训练眼睛之后了解如何讲究策略地略读材料。对我们大多数人来说，"略读"这个词有一定的负面含义。当我们匆匆忙忙赶时间，只能看每个段落的第一句话时，就是在略读。或者说，在这样做的时候，你已经决定采取对自己来说更有价值的阅读方法，不论那些方法是什么。但这些类型的略读，与我们这里介绍的讲究策略地略读不同。

坦白地说，并不是所有的信息都是平等的，甚至在句子和段落中也是如此。有些信息注定会浪费我们的阅读时间，所以，我们应当确切地知道什么是可以跳过的，什么是应该关注的，以及怎样管理所有这些内容。在我们的阅读文本中粗略地浏览信息是为了节省时间，并且透彻把握你面前的东西。

我们这里介绍的略读，其目的是让你通过"减少脂肪"留住尽可能多的"营养"。传统的略读将跳过大约 75% 的内容，而在这里，我们只跳过 25% 的内容。怎么才能做到这种程度呢？这里有三种相互关联的方法。

首先，不再阅读页边空白处的三个单词

在通常情况下，我们总是从页面左边的第一个单词开始阅读，一直读到页面右边的最后一个单词。

小时候老师告诉我们，看书要彻底，必须不遗余力地理解每个词的意思。但我这里介绍一个小窍门：你可以从左边的第三个词开始看，看到末尾的倒数第三个词时停下来，此时，你的周边视觉可能会自动地将最前面和最后面的词摄入眼帘。

例如，假设一行只有 10 个词，你可以"阅读"6 个词，从而节省 40% 的精力和时间。这样累加起来，显然会大幅加快阅读速度。试一试和前面介绍过的所有技巧一样，停下按部就班的阅读，你会感觉奇怪吗？你是不是觉得自己忽略了重要的信息？只要尝试一下，你会发现你在理解上根本没有遗漏任何东西—即使没有将目光聚焦在那些词上面，大脑也会把它们填进去，这样一来，你就能通过句子的上下文来理解它们了。

其次，跳过无意义的单词

需要说明的是，跳过小单词和略读，并不完全是一回事。在略读的时候，你并没有记住你正在消化的单词或观点；你可能对你正在看的书有了大致的了解，但是可能会遗漏一些细节。

学习如何快速阅读，就是要剔除那些填满纸张的不必要的

小单词。不是每个词都是平等的。许多晦涩的小词对你没有帮助，强迫自己去读它们，只会让你受伤。当然，这些单词有它们各自的位置，我们需要它们来构建句子和表达观点！但是，当我们试图快速阅读时，经常可以跳过这些词而不会产生不利的影响，比如 "if" "is" "to" "the" "and" 以及 "was" 之类的词。

跳过小单词的最重要理由是它们没有任何有益的贡献，所以有效地略过它们，意味着你能在更短时间里从阅读体验中收获更多。假如你正在阅读一本小说或一首诗歌，而你只想欣赏散文和诗句的结构，那么这条建议可能不适合你。但话又说回来，对于散文和诗歌，无论如何也不要尝试快速阅读！

让我们来看一个使用了这些无用单词的例句。"The dog went inside the house, and ate his dinner, which was leftover spaghetti."（这只狗走进房子，吃了晚餐，那是些剩下的意大利面。）你能从这句话中删去多少个单词？至少 4 个或 5 个。这个句子总共有 14 个单词，这意味着你可以删去三分之一的无效内容！

最后，浏览重要的词

这与之前忽略无用单词的观点是密切相关的。当你能在一个句子中找出重要的东西时，你需要做的就是理解它们。为了快速学习，无论你读到哪一句话，你或许都能从 50% 的单词中理解到 90% 的意思，因为剩下的单词是不必要的填充词。

例如，"I went to the vet yesterday because my cat was sick."（我昨天去看了兽医，因为我的猫病了。）这个句子有 11 个单词。

这句话里的关键词是什么？"兽医"（vet）、"昨天"（yesterday）、"猫"（cat）和"病了"（sick）。这个句子只有四个单词需要理解，其他的都不重要。你完全可以从这些词中理解整个句子的意思。这比前面的步骤更容易执行，也能让你不必把时间浪费在那些无意义和无用的文字上面。

我们再举一个简单的例子。"I want to go to China because I hear the food is very tasty and the people are nice."（我想去中国，因为我听说那里的食物非常可口，那里的人们很友好。）

你到底需要多少个单词才能理解这句话的意思？"想"（want）、"去"（go）、"中国"（China）、"食物"（food）、"好吃"（tasty）、"人们"（people）和"好"（nice）。这个句子一共有 19 个单词，你只需要理解里面的这 7 个词。现在，你可以发现这种方法的价值了吧。

像这样略读段落，需要一定的练习，但它可以大大提高阅读速度。它的美妙之处在于，如果你略读一段文字时，发现自己不能完全理解文字的意思，你只需回过头来，放慢阅读的速度，把单词加进去，直到你能完全理解为止。然后继续略读。

讲究策略的略读，可能不是你最初想象的那样。大多数人认为，快速略读就是飞快地浏览信息，忽略所有重要的部分。但是在这里，略读是学习如何解析信息，只阅读那些能够帮你弄懂和理解文字意义的内容。这很难，但对你进行更好的学习和更快的阅读非常有益。

要做到快速阅读，你还必须知道如何提高专注度和注意力，并忽略干扰。

专注力培养：有目的地游戏和休息

毫无疑问，阅读不能和其他许多事情一同来做。它需要你全部的注意力。遗憾的是，我们许多人没有认真对待阅读，正因为如此，我们经常会发现自己在一遍又一遍地阅读同一段文字。有鉴于此，我们应该如何提高注意力呢？

提高阅读速度的最后一个方法与保持专注度有关，另外，如果你不能将注意力集中在你的材料上，无论怎么使用其他阅读方法都是浪费！

首先，消除干扰

生活中总会有些你无法控制的干扰，但我们更关心的是你能够控制的那些干扰。总之，你要避免意料之外和不受欢迎的干扰。

例如，如果你在阅读的时候手机响了起来，这就是一种你可以控制和消除的干扰。在读书的时候把手机关掉。如果你在读书时心里老想着查看电子邮件或者登录社交网站，那就试着在这些时候关掉电脑。如果别人不停地打扰你，你可以试着到别的地方读书。这些都是可以控制的干扰。而如果你能够控制它们，就应该在阅读时消除它们，以便实现更高的专注度。

> 每次受到即时短信或谈话的影响，你能在学习上投入的脑力都会变得更少。每一次被打断注意力，小小的神经都会被再次连根拔起，无法在脑中扎根生长。

还有哪些分心的事情是你可以控制的呢？嗯，几乎包括了你周围环境中的一切。这只是开始，接下来你可以主动告诉人们，不要在某个时间段分散你的注意力，如果你不告诉他们这些，他们可能不知道你那时候正在努力集中注意力；告诉了他们，就可以防止他们无意中分散你的注意力。

其次，创造一个小游戏

你能以多快的速度读一页书，并且同时能够在很大程度上理解书的内容？为什么不给自己计时，试着每次都打破自己之前的纪录呢？

还记得小时候的感觉吗？那时候，你感觉生活中的一切都是游戏！还记得你曾经花了多长时间聚精会神地玩那些你觉得有趣的玩具或者游戏吗？长大以后，我们忘记了我们原本可以把所有事情都变成游戏来玩。

游戏激励我们，使得我们大脑的一部分能够与我们对娱乐及挑战的需求联系起来。我们可以用阅读材料创造一些小游戏，借此"欺骗"大脑，让它认为我们在玩游戏，而不是从事繁重的读书任务。

我们经常勤奋地阅读枯燥的材料，因为这可能会决定你在学校考试中取得的成绩是及格还是不及格，或者意味着你在工作中究竟能不能完成任务。但这一切只会让我们精疲力竭，而且会让我们在生命中的某个时刻讨厌阅读。

我们必须转变我们对枯燥材料的看法，并且模拟我们在阅读真正感兴趣的东西时产生的心理。这将使读书变得更加流畅和轻松，使你可以建设自己的阅读乌托邦；在那样的假想世界里，即使是最无聊的材料，你读起来也会变得十分有趣。你要做的就是带上秒表或手表，试着看看自己每 5 ~ 10 分钟能写多少、吸收多少或者读多少。擦掉那些内容，然后重新做一遍，使之成为一个与你自己竞争的游戏。你可能会发现，这个游戏将激励你更好地集中注意力。

最后，一定要让自己休息

企业管理之父彼得·德鲁克（Peter Drucker）在他的著作《卓有成效的管理者》（*The Effective Executive*）中谈到，在持续 50 分钟的时间里集中精力完成某一任务是合宜的安排，这是因为在我们需要休息之前，50 分钟是专注于某件任务的理想时间。过了 50 分钟后，总有些事情会让我们分心，我们的大脑由此变得低效。接下来，你需要花 10 分钟休息一下，休息结束之后，你又可以再集中精力阅读 50 分钟。

这样循环往复下去，你不但能从阅读中获得最大的收获，还能训练自己的注意力，养成以特定节奏工作的习惯。

一定要让自己每工作和学习 50 分钟就休息一下，否则，你的大脑会渐渐失去焦点，而你也会慢慢地需要将每个句子或者每段话反复读几遍才能完全吸收。因此，问题的关键在于你需要休息，不管你读书的时间是 25 分钟还是 50 分钟。把大脑想象成肌肉——运动员在训练时需要让肌肉休息，你也一样需要让大脑休息。

学习读书并不难，我们都做过。但是，有目的地学习阅读，以及学会怎样以最理想的状态阅读，对你来说可能是全新的。认真对待它们，这会对你的学习大有帮助。

更快阅读是更好学习的重要组成部分。如果你学习的大部分方法是通过书面文字来获取信息，那么，你显然应该学会如何更快、更有效地阅读。

艾德勒 4 个阅读层次：专家都是"知识侦探"

你知道阅读有 4 个层次吗？

哲学家莫提默·艾德勒（Mortimer Adler）的著作《如何阅读一本书》（*How to Read a Book*）起了一个恰如其分的书名，作者在书中提出了阅读的 4 个层次。艾德勒解释，阅读不是一个单一的、普遍一致的行为。他认为阅读的每个层次都有不同的目的、努力程度和所需时间。此外，不同层次适用于不同的阅读类型——有些书适合所有层次，另一些则只适合 1 ~ 2 个层次。特别是在较高的 2 个层次，如果你能切实地遵循它们的规则，你就会大幅度增加自己在该领域中的专业知识。当你把 4 个层次阅读法与快速阅读结合起来时，你就能变成一台"学习机器"。

以下是艾德勒的 4 个阅读层次，按照从简单到复杂的顺序排列：

☑ 初学

☑ 检索

☑ 分析

☑ 综合

初学 你实际上已经跨过了这个层次。也就是说，初学这个层次从本质上说就是学习阅读。这是小学里教的那种阅读。老师会问你，"你正在学习的字母是什么？""这个单词怎样发音？""它的客观含义是什么？"。这个层次意味着你知道"猫在床上。"这句话的意思是有一只猫在床上，而不是有一只狗在沙发上。这有点令人震惊，对吧？

初学这个层次也适用于正在学习一门外语的成年人，他们必须接受训练，以理解新的字母、词汇和发音。此外，它还适用于学生第一次阅读技术类教材的情况。在这样的环境中，他们必须学习新的语法或特定的术语。每当你遇到一种新的学科语言、方言或词汇，你都是在初学阅读。

检索 对阅读者来说，下一个层次是理解书本的精华，而不是消化它的全部内容。这被称为"检索层次"，它有时会被热心的读者贬低或轻视。但在培养专业技能方面，这是一个非常值得走一遍的过程。

检索性阅读实际上包含两个次级的"迷你阶段"：

系统地略读 这一点指随意地检索一本书中除正文以外的板块：略读目录和索引，或者阅读前言或书皮上的简要介绍。如果你在评估一本电子书，这可能意味着你要阅读在线描述和客户评论。通过系统地略读，你可以知道书本的内容是什么以及你应该怎样对它进行分类："它是一部关于第二次世界大战的小说"或者"它是一本解释如何烹调法国菜的书"。就是这么简单。

浅读 这个阶段实际上指的是以一种非常随意的方式读书。你只需要从一开始就吸收材料，不要消耗太多精力或者思考太多，也不需要在页边空白处做笔记，不必去查找陌生的短语或概念；如果有一段内容是你不理解的，你只需跳过它，进入下一段。在浅读中，你了解的是书的基调、节奏和总体方向，而不是吸收书中叙述的每一个要素。

检索性阅读类似于侦察或调查，它能让你对这本书的内容和阅读体验进行初步的了解。你可能在书中找到一些非常宽泛的总体思路，但不会深入研究它们。你只需要知道你可能会做什么，然后就会发现自己是否有足够兴趣进行更深入的探究。

假设你正在看一本关于古典音乐的书。你在系统的略读中看了一眼书的主标题和副标题，读了封底的内容，上面写着："这是一部对古典作曲家深入而稍显不敬的研究。"接下来你会读到目录，发现书中几章的标题是"变装的瓦格纳""莫扎特对猫的模仿"和"贝多芬对老鼠的爱"。此刻，你可能已经确定，尽管这本书可能会很有趣，但它不是一部非常严肃的作品，不可能增长你的专业知识。

为什么一位初露头角的专家要经历这个阶段，而不是直接跳到下一阶段进行阅读呢？

因为即使你不是深入地探究，也能从这里得到很多答案。你会对作者的写作方式有一定的了解：它是严肃的、滑稽的还是讽刺的？它是基于真实的描述还是虚构的情境写作而成？它大量使用统计数据吗？它引用了很多外部资源吗？这本书里有图片吗？

很好地理解这些问题的答案，将帮助你框定书中的内容并确定你的期望，如果你决定继续读下去的话，这个过程将使你下一阶段的阅读更有成效。

分析　阅读的第三个层次是完整理解一本书或一卷书的最深内涵。你需要充分消化手头的材料，并且利用所学知识。分析性阅读的挑战很简单："如果时间不是问题，你会多么彻底地读这本书？"

我们可以这样形象地描述分析性阅读：把书从作者手中拿过来，使其成为自己的书。这时候，你不只是在读书，你还在凸显或强调书中重点，同时发表评论或提出问题。你也可以适当地使用旁注来模拟你与作者的对话。

分析性阅读的目的是充分理解书本内容，以便你可以不费力气地向别人解释它，非常简洁地描述主题，同时能够按顺序列出它的各个部分并说明它们之间的联系，并且理解并指出作者关心的问题及试图解决的问题。

例如，如果你正在阅读史蒂芬·霍金（Stephen Hawking）的《时间简史》（*A Brief History of Time*），你也许会在第一部分重点标出物理学史的关键短语：大爆炸、黑洞和时间旅行。你可以在哥白尼（Copernicus）和伽利略（Galileo）的名字后面加上一条笔记，以便更全面地研究他们。你还可能会在空白处写下一些文字，质疑霍金对宇宙膨胀的解释。

分析性阅读是一项艰苦的工作。但在这个层次上，最深刻和最有价值的方面在于获得新解读所带来的兴奋感。这种互动式的阅读，将使学习变得主动，因为你不再被动听取别人告诉你的知识，而是自己从书中提取信息。如此一来，你的大脑会更趋活跃，你也更有可能记住自己学到的东西。这是一条通往专业知识的捷径。

综合 在阅读的最后一个层次，你要多读几本书或者几篇内容相同的文章。人们可能用"比较或对比"来描述综合阅读，但实际上，它远比这些词深刻得多。要注意的是，概略性阅读（synoptical reading）与综合性阅读（syntoptical reading）的拼写相似，但两者不可混淆，因为它们的意思几乎完全相反。

在这个阶段，你要努力理解你所学习的学科的整个范围，而不仅仅是一本关于该学科的书。听起来是不是很熟悉？你要分析书中提出的思想、语法或参数之间的差异，对它们进行比较。你需要能够找出并填补知识上的空白。你要和多个伙伴交流，提出你需要回答的最紧迫的问题，并为如何回答它们组织好语言和思路。你还要找出书中涵盖的所有问题和主题的各个方面，并且查找你不理解的词汇和短语。

综合性阅读是一项相对重要的任务，几乎好比你自学一个学期的大学课程。把综合性阅读看作是一种积极的努力，一种通常不会与阅读小说的放松状态联系在一起的努力。

这就像电视节目或电影里有人试图揭开某个多层级犯罪集团的内幕一样。在电影中，某个警察局摆出了一块巨大的公告板，上面有图片、便利贴和人物照片，还画有一些线条，显示犯罪集团的成员如何相互联系。当我们从不同的来源发现新的信息时，所有信息都被添加到这块公告板中。这就是综合性阅读：共同努力寻找答案并且增长专业知识。

领悟这一点不需要你与犯罪集团的成员直接打交道，你可以聚精会神地关注合法的话题，比如奥卡姆剃刀原理（Occam's Razor，即"简单有效"原理）、荒诞主义戏剧（absurdist thea- tre）或者股票市场。

这 4 个层次作为相互联系的步骤，将使你阅读的主题逐渐变得易于理解、更加富有联系，最后让你完全熟悉它们。

在初学阶段，你必须学习阅读。不管你在读什么，都需要跨过这个阶段。

在检索阶段，你会从总体上了解正在阅读的主题具有什么样的框架和结构，并且评估自己的兴趣。这个阶段让你做好准备，在更深的层次上评估你储备知识与技能的方式，从而下定决心进入阅读的下一个层次，即分析阶段。

在分析阶段，你需要从尽可能多的角度对所学主题做尽可能深入的理解。此时，你正在吸收和质疑这本书的内容，并对它涉及的话题产生更多好奇心，这将驱使自己去学习更多内容。

从某种意义上说，在综合阶段，你已经不再从单一或有限的视角来审视阅读的主题了，你将开始全面研究这一主题所有的组成部分。此时此刻，你要把你的专业知识水平分成多个层次。要知道，对于某些专业知识，你甚至无法在一般的随意阅读或休闲阅读时理解它们。

乍看之下，本章中的一些过程可能会让你望而却步或者让你觉得不可能完成。但是请记住：每一位专家，在他们自己人生中的某个时刻，也曾对自己日后熟悉的专业领域一无所知。

无论他们是在教育机构学习还是自学，也都经历过这样的过程：不得不在真空中收集知识，并且深入陌生的水域艰难跋涉。你完全有能力做这些专家不得不做的事情。事实上，你可能做起来比他们更容易一些，而且你也许会发现你的专业道路比你想象中的更容易走下去。

本章旨在传授如何快速阅读、同时记住更多信息的诀窍。这听起来像是一项艰巨的任务，因为你不太可能从学习字母的时候就很好地掌握了阅读技巧，也就是说，在那个时候，你学得并不多。提高阅读速度有几个重要方面。

首先，你必须停止默读。

所谓的默读，就是你在心里大声朗读单词。你思考和处理问题的速度比你大声读出来的速度更快一些。这意味着你必须思考单词的意义而不是发音。默读是一个很难改掉的习惯。

其次，你必须训练你的眼睛。

每只眼睛都有 6 块控制眼球运动的肌肉，可以通过两种方式训练它们：少移动眼睛，并用周边视觉看到更广阔的范围。

再次，你必须学会如何有策略地略读。

跳过无用的词，专注于重要的词，忽略页面边缘的词。

最后，你必须了解你的注意力为何与阅读息息相关。

给它应有的尊重，安排好休息时间，制造一些使自己能够更快阅读的游戏，并且消除干扰。

你是怎么读书的？本章最后一节详细介绍了作家莫提默·艾德勒所阐述的阅读的 4 个层次。这些层次是初学、检索、分析和综合。我们大多数人只完成了前 2 个层次，却没有深入接触学习材料并与之"对话"。而这两者恰好是真正深刻理解的来源。

怎么用 20 分钟读完一本 300 页的书？

由于工作内容和海外教育关系密切，因而我跟不少国外高校都有联系，接触过很多留学生或国外本地学生，也就因此见过形形色色包括阅读法在内的学习方法。前两篇文章提到了我学习语言的一些方法：天天练笔、抓老外谈天说地、听深夜电台灌耳音；还介绍了我的考试复习技巧——"测试—回忆"法。现在这篇文章，我更想说说自己见到的和别人告诉我的 3 种阅读法。它们很有意思，其中 2 种甚至是相反的玩法，但都确实有效。

日本东京大学有一个内田的学生比较特别。对我来说，她特别的地方不仅在于只读教材，不读参考书，更在于她的教材里没有任何记号，非常干净。一般人觉得，教材应该画满横线或者其他记号，标出老师会着重考核的内容，但这又容易使人产生"其他部分无关紧要"的错觉。所以内田的办法是反复阅读教材，不过她不会囫囵吞枣地死记全部内容，而是先花时间理解所有词语的意思，查证不懂的内容。

彼得·霍林斯肯定会认为这是一个非常有效的速读培养法，而内田也确实很快获得了速读能力。窍门是这样的：刚开始时她要记住词语意思和人名、地名，所以她的阅读速度不会很快，但是随着阅读次数增加，那些她已经完全理解的内容只要扫视过去就可以。这种快速浏览会将眼部肌肉训练得异常灵活，一目十行也就不在话下。

另一个东京大学学生中村用了和内田完全不同的方法，他不仅看教材以外的辅导书，还能在短时间内啃掉厚重的参考书。他的做法分两步：第一步是选择优秀的参考书；第二步是利用目录掌握书的整体内容。他说，由于参考书收纳了每个单元的标题，用简短文字归纳了各单元重点，因此只要浏览参考书的目录，就能掌握书的大致内容，了解哪些部分比较重要。

两种方法各有千秋，它们帮助两名高中生考上了日本最好的高等学府。但一名理工科男生将它们融会贯通，总结出了一套无往不利的阅读方法，还在 20 分钟内帮一个文学硕士读完一本文学理论书。

这位朋友在知乎上分享的事情是这样的。他在一次活动中认识了一名读文学硕士的女生，后者向他抱怨说，为了写论文，要看的理论书太多，时间根本不够用。可能是为了给女孩留下深刻印象，理工科男生顺手拿起她 300 多页的《鲁迅：无意识的存在主义》，展示自己开挂的阅读能力。

他自言自语地说，有些作者会挖空心思给作品取名字，这本书的作者是鲁迅研究专家，显然书名高度浓缩了他的思想，所以书名就是关键点。那什么是存在主义？作者是怎么解释存在主义的？他凭什么认为鲁迅是个存在主义者？

理工科男生一边翻书，一边结合目录、标题和"存在主义"这个核心词找关键句。凡是叙述鲁迅个人经历的全部略过，凡是介绍鲁迅某部作品的全部略过，凡是勾勒历史背景的也全部略过。就这样，他很快找到了作者对存在主义的解释，还有用来证明鲁迅是存在主义者的证据。

可是明确了作者的核心观点还不够。既然作者是专家，那就不仅要自圆其说，还要比较别人的观点。所以理工科男生又在最后一章找到了瞿秋白对鲁迅的解读，以及作者对瞿秋白的批判。不过理工科男生随后认为，自己最后还应该思考一下要不要接受作者的解释。他就没有漏洞？别人对他的观点又是怎么看的？为了解决这些问题，仍然要用类似方法速读其他书，然后根据自己的知识积累做出回答。

理工科男生读完那本文学理论，全程不到 20 分钟。当然，如果你在看小说，又或者要精读教材，这么点时间是不够的。重点在于，这个理工科男生展示了本书所说的高级阅读层次：把书从作者手中拿过来，将其变成自己的书。

我们一般都会觉得文学理论非常深奥，不跟文学研究沾边的人可能一辈子都读不到一本文学理论。那位理工科男生的经历却可以说明，无论看什么书，带着问题和作者"对话"，经常能够让你事半功倍地读透它。现在你要不要拿起一本专业以外的书试试这个方法？

第 4 章

The Science of Self-Learning

刻意练习，
受益于终身成长

学习必须持续地努力，才能看起来毫不费力

大数据和人工智能等技术发展使得"数据主义"盛行，我们被困于信息茧房，被动地消费知识。想要突破算法的统治，不只清晰的学习规划和系统的底层认知。面对有效和无效信息混杂的世界，把握学习的主动权，才能把握人生前进的方向。

在专业的背景中涉及提高学习能力时，正确的问题是"我们怎样改进相关学习技能"，而不是"我们怎样获得相关学习知识"。

有时候，你知道自己的知识出现了一个缺口，必须提个问题来找到你所缺失的信息，但不管出于什么原因，你并没有提出这个问题。

对我而言，这种情形通常发生在小学数学课上。回想一年级的时候，我在使用尺子时犯了一个相当常见的错误。老师让我们用尺子分别画一条 2 英寸、4 英寸和 6 英寸长的线。于是我拿出尺子，把铅笔放在"1"的刻度位置，分别画了一条直达刻度"2""4"和"6"的直线。当我和同学画出的线进行对比时，我发现自己画的似乎有些不对劲。但是我认为自己已经完成了老师交给我的任务，于是没有向老师询问就把试卷交了上来。究其原因，我是急着下课去玩手球游戏，确保我在手球线上的位置不会被人抢走。

但作为一个成年人，你可能已经发现了我的错误。我会从

"1"这个刻度开始画线，是因为我总是从1开始算数。我本应该从0这一刻度开始画线的。虽然我知道有什么不对劲，却没有想方设法弄清楚，结果三条线都画错了。等到再上课时，我发现我的这一天简直被毁掉了，别的孩子使劲嘲笑我，我郁郁寡欢，一言不发地吃着午饭。

当然，还在学习怎样学习知识的一年级孩子，与有着丰富学习经验的成年人之间存在着区别。但这个让我备感羞愧的例子，揭示了与自学相关的诸多习惯和技能中的一种：勤提问。这里的提问，不是我们询问事实那么简单，它实际上是一项必须像其他技能一样来培养的能力。

但是，当我们接受自学的任务时，我们就必须适应一种新的学习方式。当我们从接受别人的教导转向自我教育时，我们就必须调整学习策略。本章阐述了一些有抱负的自学者为确保从学习中得到最大收获而做出的调整。首先，我们将讨论如何制定学习计划。

本杰明·富兰克林——可复制的学习规划

历史上有位杰出人物给我们提供了一个很好的榜样，告诉我们怎样制定目标，如何规划自己，以追求成功。这位杰出人物就是本杰明·富兰克林（Benjamin Franklin）。如今，他仍是自学成才者的卓越典范；他既是政治家、发明家、哲学家、作家，又是一位博学多才的学者，他的好奇心永无止境。

富兰克林对追踪自己的目标、活动和日程安排非常挑剔，他以此指导自己的个人和职业生活。富兰克林安排日常生活的两项技巧，对那些想提高组织能力以便更好地进行学习的人来说简直堪称完美。也许是希望自己能激励后辈达到与他类似的成就和效果，他将这两项技巧在自传中做了详细描述。

富兰克林的"13 种美德"列表就是他的第一项技巧，可能也是最著名的一项，他用这份列表来记录自己的努力。富兰克林对照这 13 种美德来实现自我提升，或者用他自己的话来说，来"达到道德上的完美"；而这些美德列表是一个强大的例子，它们告诉了你应该怎样有意识地追踪观察自己的进步并记录自己想要提升的任何能力（包括自学）。

首先，富兰克林列出了他认为自己需要培养的 13 种美德，以此帮助自己在 20 岁时过上健康而有责任心的生活（如果你问我关于他的看法，我会说，这个年纪要表现得如此成熟，实在是太难得了）。这些美德包括（与本章讨论无关，但有助于说明我们的主题）：

节制 不要吃得过饱；饮酒不要过量。

沉默 只说对别人或自己有益的话；避免闲聊。

秩序 让所有物品各归其位；给自己要做的每件事情都留出时间。

决心 下定决心去做你应该做的；必须把你要做的事情做好。

节俭 除了对别人或自己有益的事情，不在别的事情上花钱。也就是说，不要浪费。

勤奋 不浪费时间；总是把精力用在有益的事情上；不做出所有不必要的行为。

真诚 不运用伤害他人的欺骗手段；思想要纯洁、公正，在说话时只就事论事，不针对他人。

公平 不要做伤害别人的事，也不要忽视你的责任。

中庸 避免极端；容忍别人造成的你应得的伤害。

洁净 不要容忍身体、衣服或住所的不洁。

淡定 不为琐事、常见的或不可避免的事情而烦恼。

节欲 除非为了健康或后代之外，少过性生活；永远不要使自己迟钝、虚弱，或使他人的安宁或名誉受损。

谦卑 效仿耶稣和苏格拉底。

接着，富兰克林为自己制定了一项制度，并照着它以一种非常深思熟虑、有条不紊的方式努力改进生活中的各个方面。从某种意义上说，这份清单本身的想法就是革命性的，因为它把富兰克林的注意力集中在他想要完成的事情上面，但这也是一项艰巨的任务。你现在有多少个目标？接近 13 个吗？是时候重新思考哪些东西可能成为你的目标。

富兰克林画了一堆卡片，每张卡片上都有一张十分简单的表格，表格一共被划成 7 列、13 行。每一列的标题是一周中的七天：从周日到周六。每一行的开头都是象征他 13 种美德的标识。在卡片的顶部，富兰克林写下了他在这一周中要特别注意的美德。比如，他在第一周选择重点培养"节制"这一美德。

在这一周每天结束的时候，富兰克林都会拿出卡片，看一看表格，然后在每个方框上画个黑点，表示他觉得自己"没有"保持那种美德。例如，如果他觉得自己在周四的晚餐上喝了太多酒，那么他会在周四的"节制"方框里打个黑点。如果他觉得自己在周六的一次会议上对乔治·华盛顿（George Washington）太生气了，他可能会在周六的"淡定"方框里打个黑点。

在任何一周内，富兰克林都会着重关注他在每张卡片顶部写上的美德。他的理由是一次照管一种美德，会使得下一周的美德变得更容易培养，而所有的美德最终都会成为一种习惯。由于对每种美德的培养都经过精心安排，因此这周培养的美德将有助于下周美德的培养。例如，他把"节俭"放在"勤奋"之前的一周，因为他认为存钱的习惯有助于他养成更加努力挣钱的习惯。一次培养一种美德，将确保他不会无所适从，并能发现是什么让他改变了自己生活中的某个方面。

在富兰克林完成了 13 周一轮的清单后，他将重新开始，以自己最优秀的美德作为起点，再次以某一个新的美德作为重点培养对象，继续进行品德系列的养成计划。他根据需要重复了所有的美德练习；如果他每周都认真进行美德培养，那就意味着他一年要做四次（13 周 ×4 = 52 周 = 1 年）。说真的，你只需要站在后面欣赏富兰克林是如何工整地制作日历，就能从他身上学到不少东西。

富兰克林这份清单的美妙之处在于，它不但能让人们为了变成更好的自己而努力，而且对于其他事情也适用（当然，这一定是个很好的尝试）。你可以将这看成是有目的地制定计划、坦诚地自我监督、专心致志地投入时间等。

然而，对我们许多人来说，这是一种前所未闻的专注和自我意识。我们往往认为我们的行为是天生的,相对来说不可改变。但是，如果你和富兰克林一样想要改变自己的行为，那它们就是可以改变的。这种有意的提升和改进，为富兰克林日后的成功与成就奠定了基础。你也可以用这份清单来追踪你的进展，而且不管做什么事情，你都可以参考它画出你的任务图，包括自学的个别科目。

例如，假设你正在自学西班牙语和西班牙文化，你可能会在学习过程中提出一些你想要尽可能详细阐述的"要点"，如"阅读""写作""音频练习""社会学研究""音乐或艺术"，诸如此类。也许每天都做这些事情并没有什么意义（或者也可能有意义），但每周至少花一些时间在这些事情上都会是有利之举。也许你不像富兰克林那样着重关注"一周的美德"，但你可以着重关注西班牙文化研究的某个方面（如"食物""历史""政治""体育""艺术""礼仪"等），不管你是否知道自己将在研究的过程中涵盖些什么内容，也不论你每周能够组织些什么内容来研究。

用这种方法取得成功的关键是，你要知道自己学习中的哪些方面是最需要关注的——就像富兰克林决定哪些美德是他最需要培养的一样。每个科目都有不同的重要方面。将这些重要方面区分开来，然后制定一个针对它们的重点学习计划，并且确保你需要学习的内容被"全部覆盖"。

你的大脑一次只能处理这么多事情，所以要做好计划，保

证自己不会被太多的任务压垮，并且不会一心多用。你在任何
方面的进步和学习，都需要一步一个脚印地踏实前进，它们甚
至像富兰克林的 13 项美德那样，需要数周甚至数年的时间才
能实现。

不要只是做你感觉要做的事情或者突然间浮现在你脑海中
的事情，而是要有条理地做事，确保没有遗漏。这就是在传统教
育里人们制作教学大纲和课程表的目的，也就是说，你一定要
制作自己的教学大纲和课程表，始终走在正轨上，成为高效的
自学者。

正如富兰克林本人所指出的，这种方法真正的价值是在循
序渐进的基础上逐步培养更好的习惯。任何一种学习方法都极
度依赖于你对积极习惯的培养，这在自学中尤其如此，因为你
负责监控一切。

> 改变的关键在于制定计划，培养新习惯可
> 能会很有用。习惯可以帮我们节省力气，
> 它能为我们的大脑腾出空间进行别的活动。

但我还没有讲完富兰克林的故事，比如众所周知，他曾经

支持火鸡成为美国的国鸟。那么他是如何在几乎数不清的领域里创造出众多辉煌成就的呢？

富兰克林是一名自我规划的天才，这一天赋的第二项技巧来自他为自己制定的每日计划。他在自传中描述自己会花时间制定每天的作息时间表。从起床到睡觉，这之间的每一件事情，都被他列入计划之中。

例如，他的一份典型的作息时间表（部分内容经过重新表述）是这样的：

5:00 至 8:00：起床，刷牙洗脸，冥想，安排一天的时间，"从事这一天的活动"（学习和研究除了工作以外的其他任何科目），吃早餐。

8:00 至 12:00：工作。

12:00 至 14:00：阅读，"粗略看下我的账户"（关注一下个人事务或财务状况），吃午餐。

14:00 至 17:00：工作。

17:00 至 22:00：反思，吃晚餐，考虑一天中做了哪些"好事"，享受一些"消遣"活动，比如兴趣爱好、音乐或者与人交谈。

22:00 至次日 5:00：睡觉。

和我们今天的日程安排相比，这个计划似乎不是特别精确，因为我们的日程安排中往往充斥着无数的约会和会议。不过，这仍不失为一个很好的例子，告诉我们应该将个人事务和娱乐活动放在与工作和业务同等重要的地位，因为它为个人的精神健康提供了一切必要的提升空间。

富兰克林做的每一件事都是有目的的：每一件事都有其适当的时间和背景，所有活动都和他着力培养的美德一样，对他的发展至关重要。在一个理想的世界里，专注于自学的作息时间表看起来和富兰克林的日程表大同小异。

富兰克林还区分了两种工作，一种是他必须全神贯注完成的工作（安排在上午和下午更大的时间段进行），另一种是他在做其他事情时可以做的工作，比如浏览个人账户和开展个人研究。当能够像做其他放松的事情（比如午餐）那样稍显轻松地处理一些重要的事情时，这种安排无疑给了他一些灵活性和轻松感。

真正地为个人的反思安排时间（这是一件我们大多数人可能都想不到要做的事情）表明，他意识到反思既是一项重要的活动，也是一件一天之中有必要进行的活动，和他日程安排表上的其他事同等重要。

尽管富兰克林的生活节奏比我们慢一些，但他并不总是严格遵守自己的时间表。这其实没有问题。我相信在他的时代，事情就像我们现在一样会自然而然地发生。每天都做好这样的计划的一个益处是至少他能更加快乐地努力按照计划生活。假如他甚至都不知道自己想在某一天中做好什么事情的话，他就会陷入迷茫。

制定作息时间表，能够让富兰克林感觉自己更有条理和效率，即使他不是每天都百分之百地按照时间表做事。只要有一些可以参考的东西和预先做出的决定，作息时间表就可以为这一天的活动提供指引，如果换成其他方式，就不会出现这种情况。你瞧，在我们需要做出决定的时候，问题就会出现。一旦你制定了详尽的作息时间表，使得自己不必再为接下来要做什么事情而思考你的决定，那么你就更有可能去做真正需要自己做的事。所以，用富兰克林的整体观念来规划自己的日程安排，你应该遵循以下几点：

每天给自己几块时间专注于主要工作。但是要给自己足够的灵活性，让自己在这些时间里进行精神上的漫游。大块的时间更加能够让你的思绪在足够的空间去随风飘荡。

安排一些时间用于娱乐、休闲、个人反思或者与家

人和朋友交流。富兰克林知道这些方面很重要，因此他愿意为其腾出空间，尤其是个人反思，以及发现什么事情进展顺利、什么事情需要在一天中做出改变等。毕竟大脑不能自始至终全速运转。

尊重你的个人目标，就像尊重你的职业目标。换句话说，在安排你的自学时间时，将它与你的其他职责平等对待，摆在相同的优先位置。

在采取实际行动的同时，用大致相同的时间来做计划、反思、分析和准备等事项。哪些事情进展顺利，哪些进展得不顺利？确保你在做正确的事情而不是容易的事情，并且从错误和低效中吸取教训。

洗澡。一定要找时间洗澡。

富兰克林的这两个习惯——制定总体目标和计划，以及坚持每天的日程安排——是我们可以效仿的。自学不是你能即兴发挥的；计划对于自学来说至关重要，因为它本质上是枯燥乏味的。有的时候，你不能自由选择做计划还是不做计划。从这位著名的美国开国元勋那里得到的启发，将保证你不会受到最坏冲动的影响。

做好长期规划和时间表的制定，让我们更容易实现我们的目标。这就引出了下一个问题——这些目标是什么呢？出于众多不同的原因，试图设立像富兰克林的"13 种美德"这样的目标，可能不适合我们，那么我们怎样利用目标来使自己做好计划，以便更好地进行自学呢？

第一条指导原则是接受这样一个事实：你真的不清楚你还不知道什么，直到你最终知道了它，你才会发现自己原来并不知道。在自学中（坦白地说，在任何雄心勃勃的目标中），你经常会面对自己不知道的东西。这顶多给你带来不舒服的感觉。你得明白这一点，不要让它吓得你不敢去设立目标。许多人正是这么被吓住的。无论如何，你的目标是学习你不知道的东西。这将不可避免地给人一种接受挑战的感觉。

但是，你应该确保在适当的时候接受适当的挑战。你应当尝试着设定一些切实可行的目标，而不是那些不容易实现且无法让你产生成就感的目标。

切实可行的目标，意味着它们不是短期内实现不了的、与实际不相符的目标，而应当是你以前从未做过的事情。这样的目标也许比你想象中的高，但也不至于高到让你泄气。如果你设定的目标可以让你保持动力，那么这样就是很好的。

例如，若是将这一点放到富兰克林身上，我们可以说，他或许觉得想要一次性掌握 20 种美德太难了，于是他决定将可

121

能实现的挑战定为 13 种美德——尽管已经减少了数量，他还是会觉得，努力掌握 9 种美德就可以了。每个人都面临不同程度的挑战，而是否设定那些能让我们不断前进的目标，则取决于我们自己。

当然，就我们的目标而言，它们应当与自学有关。如果你想学法语，那就设定一个能够加强自学效果的目标，比如在咖啡馆里与别人随意地用法语交谈。如果你认为自己只能学 100 个单词，但你却学了 120 个单词，那么这个时候你实际上低估了自己的技能。

如果你想学拉小提琴，那就设定一个目标来学习你最喜欢的作曲家的作品，即使这已经超出了你的技能水平。用两周的时间来学习这首曲目，然后根据你设定的目标打造一个自我实现的预言。

为了帮助你轻松地设定目标，一个由 5 个英文单词的首字母组成的词被创造出来，它很容易让你记住。这个词就是 SMART。当你提出一个学习目标时，就以 5 个标准来评估它，也就是说，要让你的目标具有以下特点：

☑ 具体（Specific）：清晰而确定

☑ 可测量（Measurable）：易于追踪、观察进展情况

☑ 可实现（Achievable）：在你的能力范围之内，但不是过于简单

☑ 相关性（Relevant）：对你和你的人生十分重要

☑ 时限性（Time-based）：能够被囊括到你的日程安排表中

例如，假设你打算自学钢琴，而有人问你是怎样设立目标的，你可能会这样说："我要自学所有关于钢琴的知识。到今年年底，我要成为一名钢琴演奏家，具备很棒的钢琴弹奏技巧，可以演奏出我听到的任何曲子。"

这有点不切实际。然而，使用 SMART 过滤工具将让你的目标变得更清晰、更容易实现：

具体 "我要学习乐理，这样我就能看懂和演奏基本的乐谱了。"

可测量 "我要学会弹 10 首钢琴曲。"

可实现 "有些曲子是稍稍复杂一些的古典乐曲，但不会过于困难，我觉得我可以设法弹好，然后再采取下一步行动。"

相关性 "我之所以学钢琴，是因为我是个音乐迷，我真的希望将我对音乐的热情转变成真正从事这门职业的动力。"

时限性 "从现在开始，我会给自己一年的时间来练习和学

习钢琴演奏，每周至少花 10 小时来做这些事。"

使用 SMART 指导方针来设定目标，将帮助你更加理智和实际地思考目标。如果你可以围绕自学目标来制定计划，并且利用现有的资源来实现这些目标，那么这将使你采用更好的视角来观察你正在学习的课程，也将使你更好地安排自己的学习。与此同时，它还将使你更好地了解自己将要学习的课程，从而更好地规划未来的学习。

学会提问，从"如何反驳凯恩斯经济学"开始

安排好了时间表，制定好了计划，掌握了设定目标的方法，你就可以构建学习的框架了。当你开始就自己选择的研究对象来对手头的资源进行分类时，你已经可以上路了。但这个时候恰好是你在自学过程中开始感到不知所措的时候。

如今，我们可以非常轻松地找到并积累信息。每一门公开教授的学科都有各种在线资源和公共图书馆信息供我们学习和参考，只要你自己努力去搜索，就可以很快找到你想要的数据。

但是，所有这些信息本身并不能教你知识，它能做的就是把自己呈现在你的面前。你得到的数据不一定能阐释它的重要性、背景或者意义。当你自学时，不会总有导师来解释你学到

的东西包含了哪些意思和价值，因为你怎么组织学习，完全取决于你自己。

所以，你必须积极主动地弄清楚这些新数据对你的课程有哪些意义。你必须进行调查，以了解所有这些知识的框架和实质。我们称这一步为"抽取"信息，因为它指的是从刚刚涌到你面前的海量信息中提炼重要内容并创造意义。

提问是你解读和分析所有这些信息的一个工具。但并非所有的问题都必须平等对待。你需要提出一些问题来拓宽感知渠道并全面理解所学内容，而不仅仅是满足于表面的细节或枯燥的事实。你要提的问题将远远超出简单的常识，并且将添加到你正在学习的全部内容之中去。

这就是通常所说的批判性思维，它是一种延迟满足的行为，而不是追求精确和对你看到的细微差别进行全方位理解的行为。用批判性思维去思考并不是一种非常受欢迎的指导生活的方式，但它是你学会怎样从信息源中抽取信息的方法。

批判性思维的目标不是要给出一个快速的、容易理解的答案。事实上，它甚至没有提供任何可证明的结论。相反，批判性思维的重点是加大你对某个话题的精神投入；批判性思维并没有提供一种坚如磐石、不容置疑的信念，它只是拓展了你的观点，向你介绍了几种观察局面或看待问题的方法。它使得你能够穿过外部的噪声和浅显的答案，清晰、深刻地观察某种环境或某个问题的面貌。没有批判性思维，任何自学都不可能成功。

你在批判性思维中使用的问题，超越了标准的"只陈述事实"这样的调查。相反，这种思维对回答者提出了挑战，推动着他们去探究以下这些方面：某个主题为什么重要，它起源于何方，相关性体现在哪些方面，有哪些信念与之相对或者可以替代，等等。批判性思维可以应用于任何学科，甚至可以应用于科学或数学原理。我们的目标不是让你同意或不同意某种特定的学说，而是理解它的全部意义。

那么，让我们来看一个例子——凯恩斯经济学（Keynesian economics）。你需要知道的是，该学说支持这样一种理论，即增加政府支出和降低税收是摆脱经济萧条、刺激增长的途径。人们在讨论这个主题时，通常会引发一些政治上的不满，但如果用它来说明你该如何客观地质疑某一学说，这将是一个很好的做法。

你可以用这里提出的一些问题来批判性地评估凯恩斯经济学。我不打算回答这些问题，因为我不是经济学家。但是，我确实查阅了足够多的资料，形成了一些不错的问题，而这次练习的主要目的是向你展示，这些问题可以用这样的方式来表述：

凯恩斯经济学的重要性体现在哪些方面？这个问题显然是在探寻凯恩斯经济学为什么是件值得讨论的"事情"。

凯恩斯经济学的哪些细节是重要的，为什么？这个问题涉及凯恩斯理论的具体元素，以及它们如何影响了经济。

凯恩斯经济学和古典经济学有什么不同？这要求你对两个不同的模型或两种解决问题的方法进行比较，并且让你了解，将此模型与彼模型区分开来的是什么。

凯恩斯经济学与政府的金融政策的关系是什么？这个问题描述了该学说与其他要素之间的关系。

你可以提供哪些证据来支持或反对凯恩斯经济学？这个问题强调了该学说的正面和负面的特点。说到应用性和广泛性，每门学科或者每个研究对象都有自身的优缺点。

你在凯恩斯经济学中注意到了什么模式？这有助于你寻找该学说反复出现的要素以及它们之间的因果关系，这些几乎在任何时候都是重要的。

凯恩斯经济学的优势和缺陷是什么？这个问题为凯恩斯经济学可能产生的影响提供了另一种比较方式。

凯恩斯经济学在什么情况下最有用，为什么？这个问题需要你举例说明这一概念应该如何在现实世界中使用并且可能会如何影响你的生活。

你用什么标准来评估凯恩斯经济学成功与否？这个问题研究的是如何找到确凿的证据，确定某一概念是否有效，同时引入特定的度量方式。

你需要哪些信息来做出关于凯恩斯经济学的决定？这个问题说的是在什么样的条件下，凯恩斯模型能够蓬勃发展，以及大致来看哪些背景信息对凯恩斯模型来说是重要的。

如果将凯恩斯经济学与供给侧经济学结合起来，会发生什么？这个问题问的是与其他模型的各个方面相结合时，凯恩斯经济学将如何发展或如何导致失败。

你能给凯恩斯经济学补充哪些观点，这些观点将如何改变这个学说？这个问题要求你提出自己有见地的观点，并设想它们会怎样影响这一理论。

你同意凯恩斯经济学是有效的吗，为什么会同意，或者为什么不同意？这个问题将鼓励你用自己的推理来判断某个概念的价值。

你能对凯恩斯经济学的问题提出什么样的解决办法？哪种办法可能是最有效的，为什么？同样，这些问题也要求你思考哪些东西可能会改进这一理论。

你如何才能设计一个新的凯恩斯经济学模型？解释你的想法。这个问题鼓励你根据自己的想法重新理解这一概念，并设想它们会在未来如何运作。

哎呀，问题真是太多了。这些只是你可以从许多侧面和角度来研究任何特定主题的一小部分问题。这些问题都没有被清晰地解答，也不可能获得明确的答复。但它们开放式的本质，将鼓励你从客观的角度追求事实。

这样提问听起来是不是在绕圈子？以这样的方式提问，的确是一项永无止境、枯燥乏味的工作，但如果你把探索的目的及视角放在首位，提问就会变得更有意义。

此刻，你可能已经用你所有的答案来阐述某一理论或结论，或者，你已经从其他人那里得到了一些结论，它们代表着这些人对某一事实的解释。但是，就像你刚才提的问题一样，你得到的结论（甚至你自己的结论）也应该接受同样的研究和调查，以便评估它是否正确或者是否站得住脚。

你提出的前面几个问题应当涉及某主题的结论构成，不管这个结论是否具备合理的推理基础；而第二组问题针对的是结论的质量和对它进行支撑的论点。我们可以通过凯恩斯主义经济学模型这一相同的例子看看第二组问题应该如何提出：

凯恩斯经济学的问题和结论是什么？ 这个提问涉及该理论的基础，也就是它试图解决的问题以及它的答案。

你为什么会得出这些结论？ 一份措辞得体的结论会列出事实来支持它。这个问题将帮你确认这些事实，此外，你最好要把事实和轶事或感觉分开。

你在你的理论中使用了哪些假设？ 如果在得出结论的过程中使用了任何变量，那么把它们找出来是件很重要的事。例如，既然凯恩斯模型专门解决经济萧条的问题，那么你就可以假设"经济水平在前一年下降了85%"。

接下来的两个问题试图揭示思维的缺陷，这些缺陷可能损害了结论的发现：

推理中存在谬误吗？ 提出这个问题的目的是在任何一项特定的推理中寻找不准确的、部分错误的或完全错误的东西。例如，最初的结论可能是基于 20 世纪 30 年代不正确的经济数据得出的。这相当于在唱反调，但它能帮助你理解相对的立场或者不同的结论。

它的证据是充分的吗？ 这就要求你去核实结论背后的支撑事实是否无懈可击、是否来自权威的信息源而不是来源于歪曲或错误的信息。具体来说，这些证据使用了美国劳工部的统计数据，还是某人的博客？

这些问题很可能会引发更多的问题，却给不了你确切的答案。但它们也是这条探索路径上的关键，能够就你正在研究的对象创建一个全方位的三维视图，而不是让你仅仅停留在第一个看起来"确定"的答案上。确定并不等于正确。一些人强行推出自己的结论，只想着自己是对的，因此你在自学中要排除掉这些人的论据，专注于真正的证据与真相。实际上，对于有效的学习而言，事实依然是不够的。

避开学习雷区的 5 个步骤

学习任何东西的第一步都是研究，自我引导的学习尤其如此，你必须循序渐进地阅读和分析与你选择的兴趣对象相关的材料。但是，在我们能够理解材料和综合信息之前，我们必须找到接下来要学习的东西。这个过程本身并不难，但存在许多雷区，会让你的学习偏离轨道。

我们并不缺乏关于世界万物的信息，而且，我们如今比以往任何时候都更容易获得数据和事实。但是，我们拥有的海量信息会使我们忘记如何有效地研究。所以怎样才能避开可疑的信息来源，确保研究能够取得成果？

研究是个系统性的、探究性的、渐进的过程。以下将介绍有关研究的 5 个步骤，如果你能深思熟虑、恰如其分地执行这几步的话，你就能在一定程度上把握某个新的研究主题。重要的是你得执行所有 5 个步骤，不跳过任何一步。由此你将能够从不同角度和方法来理解某一概念、话题或问题。

在描述完这些步骤之后，我们将通过一个完整的例子来说明它们的具体内容。

第一步：搜集信息

第一步是大量搜集关于研究主题的数据。从尽可能广泛的来源中搜索任何有关研究对象的信息。

在研究的早期阶段，不要带有太多偏见。从你能接触到的地方尽可能多地搜罗信息。想象一下，如果你在谷歌上搜索某个主题，得到了 10 页或更多的结果，然后点击每个链接，这会是怎样一种情形。关键不在于立刻得到答案，而在于对自己调查研究的主题要有一个初步的、全景式的概览。所以，你不要太苛刻了，而要以开放的姿态去搜集信息。将搜集到的信息组织成一般的话题、论点和观点。你可能会发现，经过了这个阶段以后，你比刚开始的时候更加困惑了——这是正常的，也是自然的。重要的是，各种信息都已经摆在你的面前，它们有浅有深，有正确的，也有会被质疑的。

第二步：过滤信息源

现在，你已经获得了自己所需要的全部信息，是时候确定你的信息源是什么、它们提供了什么类型的信息，以及这些信息是否有用了。这个步骤可以将你要学习的信息量减少四分之三甚至更多。

对于讨论的主题，每个信息的源头都有不同的目的和方法。有些人专注于硬数据和直接数据；有些人提供与主题相关的叙述或轶事，而另一些人则提供编辑的意见或理论。有的信息源头是你研究领域的官方机构或权威机构，而另一些则是对其感兴趣的行业报纸、媒体、团体或协会。有的博客只是一些坚持自己意见的人写出来的，他们对某个特定主题感兴趣，却不具备专业知识或常识。最后，还有些信息只是"假新闻"。

在这里，你的目标是挑出好的信息源，同时忽略不好的信息源。好的信息源可以用可靠的数据、可证实的事实和仔细的检验来支持它的论点和观点。不好的信息源通常更喜欢通过情感和夸张来说服别人，并且可能对你进行了误导或使用了完全错误的数据。

即使你搜寻到了很多轶事，也不要把它们和证据混为一谈。毕竟，每个老妇人讲述的故事，都是从道听途说的轶事开始的。

在过滤信息源这一步，你会开始注意到你所搜集的研究材料中出现的一些冲突。你会看到某些信息源的趋势与倾向。你会知道哪些观点最受欢迎，哪些最常见（大多数人相信），哪些不常见，哪些更罕见（少数人相信），哪些是疯子（狂想家）头脑中彻彻底底的胡言乱语。你将通过这一步划分各类信息源，保留它们之中最可靠的和对你最有帮助的部分。

第三步：寻找模式和重叠部分

当你查看和回顾所有信息源时，你会开始注意到反复出现的话题、立场和观点。其中有些会更频繁地出现，而有些只会出现一次，看起来像随机跑出来的。你将对研究主题中的主要观点、次要观点和界线进行更好地了解。你还可以在平行的思想和重叠的观点之间架起桥梁，做出联系。

在这个时候，你将能够确定研究主题的主要组成部分和最流行的想法与观念。一般来说，最好的信息源会讨论同样的事情，所以，当你遇到这种情况时，你可以放心地假设它们是主题中最重要的部分。

当你看到某个观点被多个信息源同时使用时，这是一个好迹象，说明你应该把它当作一个主要观点或者重要主题。同样地，如果发现了这个领域的知名人士很少提及的事情或者不符合普遍观点的事情，你要明白，这些事情可能起不到推动作用，或者人们会认为它们太新了，没有什么价值。

这并不是说较为罕见的或者另类的观点就一定错误，不是这样的。但你必须具备更好的判断力。如果只有一个孤立的信息源在做出某种特定的断言，那么，即使有"信徒"相信它所说的一切，那你也能有很大把握认为他们所讨论的事情是错误的，或者至少不那么重要。

在这一步结束时，你应该理解了主要的观点和论点是什么以及为什么，也理解了一些次要的观点和论点。独自度过这一阶段，可能会让你成为其他人眼中的专家。然而，一种常见的现象是大多数人到了这个阶段就停下他们的学习和受教育的旅程。如果你就此打住，就有可能成为确认偏误（confirmation bias）的牺牲品，并且不清楚自己不知道的是什么。

第四步：寻求不同意见

到这个时候，你的头脑中无疑有了某种理论或者主张，但你还要减少多余的信息源来支持这种理论或主张。所以，现在是时候去寻找与你的理论或主张不一致的信息源了。这一步非常重要。如果你不知道与你相左的意见的全部内容，就无法全面了解你需要了解的问题。无论你对自己的结论多么确信，都要试着去找一个这样的信息源。

不要害怕别人跟你唱反调和质疑你的观点。如果你对自己的理论有异议，那么这个异议正是你敞开想象力的地方。想象一下让你的理论接受测试的所有可能场景和环境。

"确认偏误"好比一场到处肆虐的瘟疫，而找出不同意见是躲避这种瘟疫的重要一步。要知道，我们人类倾向于只听、只看我们想听和想看的东西。

在这些时候，我们非常希望某件事情是真的，所以我们会拒绝任何证明其错误的确凿证据，只接受能够证实自己内心信念的信息。这使得我们倾向于选择支持自身观点的数据，忽略与之相左的确切证据。确认偏误是不客观的，因而在实际研究中没有立足之地。为了与之斗争，请明确且充分关注与自己的观点相左的意见。

到这个时候，你可能得出了一个已经通过检验的结论。知道已经通过检验的结论与未通过检验的结论之间有些什么细微差别。已经通过检验的结论是合理的，不会被谬误、误解或虚假信息所蒙蔽。你会更全面地理解自己的信念，并且理解为什么其他人可能持有不同想法。你将能够清楚地表达为什么你会相信你所相信的东西。

第五步：把它们综合起来

到这一时刻，你只有在考虑了以上所有情况后才会发表声明，而不是"先开枪后问话"。你需要进行阐述。你可以解释你的研究对象的方方面面；可以对你刚刚开始学习的新的知识领域，自信地进行书写、谈论、概括，或者在脑海中描绘它们。

这里有一个简单的方法来帮助你思考自己的专业知识该如何总结：把所有的东西都综合起来，以表明你了解了整体情况，包括细小和微妙的要点，比如你会说："X、Y、Z，因为……但是，A、B、C，因为……"如果你不能准确地进行这样的归纳，你可能需要回头重走之前的一两步流程。

我举一个例子，让它来说明所有这些步骤应该如何进行，同时确保它至少能为那些希望成为某一领域专家的人们指明清晰的道路。为了便于阐释，让我们假设你的内心有一种急迫而深切的渴望，想成为研究 20 世纪 60 年代抗议运动的专家。

搜集信息 不加挑选地积累信息：历史书籍、新闻文章、传记、博客、历史频道视频、网站、国会会议记录、新闻纪录片——任何东西。在这个阶段，你只是在搜集所有你能搜集到的信息。此时此刻，无论你遇到的信息是什么，它都可以被接受。使用你可以使用的所有媒介。不要忘记立即对想法和观点进行分组和分类，以便着手整理这些信息。

过滤信息源 你有《纽约时报》或《时代》杂志等知名媒体的剪报吗？你看到的这些故事可以证实吗？你的传记类和非小说类书籍是否提供了有意义的信息来支撑某个观点，或者说，它们只是一些不依赖于大量数据的思维片段？你正在看的博客，是被可靠地引用了，还是被草率地放在一起，充满了夸张的内容？你真的只是在看《醉酒史》（*Drunk History*）吗？

这个时候，你要开始甄别，决定什么信息源值得采纳（即使他们很少有争论）、什么信息源是你应该放弃的（即使他们对当前受欢迎的立场鹦鹉学舌）。很抱歉这么说，但有些见解确实更有价值。

寻找模式和重叠部分 检查一下你的资料来源，看看它们是否重复提到或描述类似事件，比如人权法案、肯尼迪遇刺、1968 年民主党全国代表大会，诸如此类。寻找不同时代的类似迹象：经济状况、失业率、选举结果、某个的集会或者抗议。

某一事件或迹象在你的评论中出现的频率越高，就越有可能对你的研究主题产生真正的影响。检查所有你能找到的观点：多数意见、少数意见，甚至是疯狂的想法。发现重复的模式，会让你对整个主题有一个更加立体的看法。

寻求不同意见 现在，你可能已经形成了一个可行的理论，可以通过找到合理的不同意见来测试它。理想情况下，一些经过过滤的阅读材料至少包含一个与你的观点相反的论据，而人们可以使用这一论据理性地构建另一观点。

此外，如果你能（非常仔细地）利用谷歌搜索，也许还会得到其他一些结果。将这些不同意见与你的论点进行一番比较、评议，同时考虑你可能需要在哪些方面调整论点中的某些部分。如果你一心相信自己是正确的，就更应该去了解别人的立场，而不是将它们拒之门外。

你不仅要深入了解自己形成的论点是什么，还要深刻分析为什么你会持有这种观点，以及建基其上的假设。思考任何你可能通过小道消息听到的关于一些著名暗杀事件的阴谋论，你就会明白为什么人们会产生阴谋论的想法，它们对谁有利？

把它们综合起来 不管你将自己的发现和见解进行保密还是公开，都要做出总结，并且要保证它们随时都能被你使用。你一定要考虑尽可能多的支持和反对意见。例如，你可能觉得20世纪60年代的抗议运动源于对变革的真诚渴望，但你也可能听说过一些观点，认为这些抗议活动是由政府协调的秘密行动。给其他不同的结论留出空间会让你的最终结果更加具体、更加可靠。记住"X、Y、Z，因为……但是，A、B、C，因为……"。

培育对混乱和困惑的忍受力

在我小的时候，一个叫达蒙的同伴在高中模拟法庭比赛中表现出色。他在这些比赛中扮演法律团队的一员，在法官面前就各种各样的案件展开辩论，只要连续赢得4场，他就能摘得地区桂冠。

在达蒙参加比赛之前，他对法律并不十分感兴趣。他更喜欢篮球，但是当他发现自己在中学时代确实很擅长法律时，就决定在大学毕业后去法学院深造。在大学里，他总是谈论自己想当一名律师的雄心壮志，用他标志性的智慧和狡黠为那些会影响社会的重大案件辩护。

几年后，我在当地的一家咖啡馆偶然遇见了达蒙。我问他现在对法律还怀有哪些抱负，他有点不高兴了。他说："我放弃了。我低估了律师的工作量，也没想到律师要面临的竞争这么激烈。我起初真的很期待当上律师，但是上了几个月的法学院之后，我开始担心我的生命将会被大量消耗，因为各项工作都是如此难以完成。我放弃了。现在我的生活平静多了，但什么都没发生。我在想，我是否应当给这个职业更多的机会。"

在本章中，我们为你提供了一大堆工具——各种框架、目标设置技巧、日程安排建议，并且重新确定了你的思维方式，提出了对研究对象进行有意义的调查的方法。得到了这些信息之后，一眼望去，你可能感到十分沮丧，认为自学的整个过程具有不可逾越的难度。

你完全是对的。你正在学习一门你至少不太熟悉的学科，并且在没有外人帮助的情况下从零开始。我不打算说假话：自学其实并不容易。你不应低估它，它将是一项十分艰巨的任务。

但你为什么还要自学呢？在这个过程中，你会遇到不知下一步该去哪里的时刻。这种不知道，将让你产生不安的情绪并且丧失方向感。

有时候你觉得自己就像一个失去了控制的杂技表演者。你的信息饱和了。你无法确切地知道怎样将所有的要点串联起来，并使各个部分互相衔接。有些概念你不可能立即掌握。就像杂技表演者一样，你要把好几个盘子抛到空中，让它们盘旋，但在它们落地之前，你不知道它们会发生什么。

你可能想放弃；即使不放弃，你至少也会问自己，所有这些不确定性，最终是否真的值得让你这么做。你可能不止一次有这种感觉。

然后，在某一时刻，也许是在你最意想不到的时候，你会听到脑海中的第一声"叮当"，也就是说，你突然之间明白了，有些事情最终会对你来说变得有意义。

这种情形是会出现的。

但在此之前，你必须经历这个过程的起始阶段。正如中国人所说，"万事开头难"。除了极少数例外，你起步的时候总会碰到糟糕的情况。你可能在开始时就充满信心和决心，甚至怀着这样的心情马上就能处理完多个要点。接下来，当你觉得自己应该大踏步前进的时候，你就会遇到精神上的障碍。你会感到焦虑和怀疑。

当这种情况真的发生时，请记住：你走上自学的道路，并不是为了中途放弃。你在致力于长远的发展；你在致力于实现更宏大的愿景；你在考虑缩小范围，并且明白现在的时刻总是一个短暂的瞬间，无论它是积极的还是消极的。

正因为如此，当你在自学过程中遇到麻烦时，你要放眼长远。焦虑的时刻会过去。这些都是暂时的。

诚然，我们不习惯将长远放在心里，更习惯于处理眼前的事情，解决最直接相关的任务。从这个角度来看，恐惧和担忧有着不同寻常的力量：它们眼下就在那里，我们对它们的感受更加强烈。每个人生活中都会产生失望之情和幻灭之感，尤其是当我们努力让自己变得更好的时候。这些活跃的消极情绪是存在的、是确定的，而我们想要改善的未来，根本是不确定的。

尽管如此，紧紧盯住你的长远目标将帮助你克服这些消极情绪。当它们涌上心头时，就承认它们，证实它们确实出现，并且说出你要做这件事的原因，那就是着眼长远。在这之后，你可以继续向前。

失败的目的并不是让你停下自己正在做的事情，它会重新引导你，鼓励你找到一条新路。我们证明自己的方法是勇于迎接挑战，而挑战总是摆在我们面前。

着眼长远的思维告诉我们，一个人对他不确定的未来感觉到恐惧的所有时刻，都只是暂时的，不会持续太久。无论距离目标多远，只要把注意力集中在它身上，焦虑的时刻总会随着时间的推移而失去力量。它们最终都会让你觉得它们就是你真正想要的，即暂时的挫折以及为了达到目标而必须经历的小小练习。

如果你长期坚持下去，并且承认这种痛苦不会持续很久，那么就会出现以下两种情况中的一种：你要么习惯了这种不适，要么这种不适感会慢慢消失。无论是哪种情况，焦虑都不会再控制你。

同样，你需要培育自己对混乱的忍受力。这种混乱可能来自以下困惑：你不知道从何开始、对如何处理问题感到没有头绪、对要实现的目标只有模糊的看法、不知道有哪些资源可以利用也不知道哪些与任务有关，诸如此类。忍受混乱指的是你可以坚持完成一项任务，而不是在事情变得太困难时就放弃它的能力。它意味着，当你面临太大的不确定性和混乱时（好比杂技表演者同时抛出几个球到空中，不知道它们会在哪里着陆），你能够坚持下去。这种感觉，好比你来到了一个有 10 条分支的岔路口，不得不分析每一条路会通向何方。

假设你正站在一个乱七八糟的房间中央，那里堆满了一箱箱杂物，你需要搬动并整理它们。被各种杂物包围，给人的感觉是不舒服的。你必须创造性地整理房间内部，以便腾出足够空间存放你需要的所有物品。如果你无法忍受周围堆积如山的杂乱物品所造成的混乱，你就永远不会在任务上停留足够长的时间来找出可行的解决方案。

你需要足够的忍受混乱的能力来承受你最初面对的混乱，以及你个人可能因为不知道从哪里开始或者如何完成任务而产生的困惑。

最根本的是要记住，开始自学意味着你正在做着一些独特的事情。这些事情，只有我们中的一些人曾经做过。它会以指数级的积极方式影响你的人生和自信。虽然这将是艰难的、令人沮丧的，并且需要持续一段时间，但是你需要接受不确定性和挑战，把长远目标放在首位。当你最终到达你想去的地方时，回想起来，所有这些障碍就会像蚁丘一样微不足道；你会知道克服了这些障碍，你的人生就变得更加美好了。

从概念中把握知识格局

1979 年，研究人员罗杰·萨尔霍（Roger Säljö）发现，我们倾向于用几种不同方式来看待学习行为，但学习行为通常可以归结为两大类：表面学习和深入学习。表面学习是指获得知识、事实和记忆；深入学习是指寻找抽象意义、准确理解现实。

使用"surface"（浅）和"deep"（深）这两个词，可能意味着后者在所有情况下都比前者好，但这并不见得总是正确的。有些东西最好是通过记忆来学习，而不是另外寻找一些"意义"将它们联系起来。

如果我给你一张随机列举了 30 项内容的清单，并且让你记住它们，那么你的大脑可能无法找到每项内容之间的模式或关系。如果你手中的任务只是简单地记住信息，那么，你还费尽心思去寻找每项内容之间的模式或关系，就会浪费时间。如果你能优化这种表面学习，那么最终你就会在测试中表现得非常优秀。

但是，死记硬背往往是孤立事实而不是联系事实。它将事实确立为单个信息片段，因此如果缺乏基础的背景或者不知道学习内容与更大概念之间的关系，你就无法固定和巩固学习的内容。这种情况在有的时候不会产生太大影响，但最终的结果是，你学到的东西很容易从短期记忆中溜走。

绝大多数可以学习的东西都存在某种模式——或隐性或显性。这些模式通常与你的学习最为息息相关。坦白地说，如果没有这些模式，你学到的东西无论如何都不会产生用处。模式使得概念变得有益。如果不存在模式，概念只会具有非常有限或者暂时的联系。这样的话，你从一开始就不需要做研究了。

典型的学习过程既包括学习宏大的观点，也包括学习少量的细节。在这种背景之下，首先从宏大观点的学习开始，总是最合适的，也就是说，你要最先学习那些将微小细节紧密联系在一起的总体概念。

最主要的原因是许多小细节一开始就具有随机的性质，但是当从更大概念的视角来审视时，它们会被结合在一起，形成一个综合图景。这使得大脑更容易识别和记忆知识。

事实上，你经常可以放弃大量的记忆，因为概念本身往往是用来解释事实的。不要企图死记硬背，而要跟着概念走，到最后，其结论会在你行进的过程中被揭示出来。就像提纲中的副标题一样，结论也会以适当的标题出现——这是一个逻辑过程。如果你理解了某件事的指导原则，就会自然而然地理解其事实。

比方说，你正在研究美国米兰达权利（Miranda rights）的历史，那么你也许会记住所有关键细节：联邦最高法院法官、律师，原告和被告的名字。你可能记住案件的日期，记住所有涉及诉讼和上诉的法院的计票结果。你还可能记住后来发生的案件的名称，甚至可以写下米兰达权利的内容（"你有权保持沉默"，诸如此类）。

　　这些事实本身没有任何关联，我们也没有理由把它们保存在记忆中。强调围绕米兰达权利的更宏大概念（比如被告的权利、警察的执法程序，或者具有里程碑意义的最高法院案件）才真正有助于搜集事实。在这种情况下，大脑更有可能记住它实际上需要知道的关于这个主题的信息。一旦你理解了基本概念以及它们相互之间如何作用，就能以一定的精确度来预测事实。

　　这就是所谓的概念学习（concept learning）。它向我们展示了根据某些关键属性对内容进行分类和区分的过程。它需要模式来回忆和整合新的例子及观点。概念学习不是机械地死记硬背，而是必须确立和培养的学习方法。

　　我们可以在日常生活中运用概念学习。将概念学习法应用于学习和发展新技能，即使是在教室或自习室等环境之外，这种做法也可以帮助我们获得新的意义；通过逻辑延伸，它甚至能够改进我们执行某些任务或处理某些工作的方式。

> 你需要让大脑逐步接受这个道理：仅知道怎样使用特定的解题技巧还不够，还得知道何时何地去使用才行。

烹饪就是个简单的例子。标准的做法是学习新食谱时按照配料表来做，并且遵循一系列的指导。如果你正在为意大利面做番茄酱，可以在网上搜索一个流行的食谱，并且在准备餐食的时候把食谱放在附近。你可以随心所欲地重复这个练习，到最后你可能对这些步骤了如指掌，也就无须指导便能重复进行。

但是，理解每一步的要点，并不是在指导下就能做到的。指导你做菜的食谱通常不会说为什么要先蒸洋葱和大蒜，为什么要把酱汁烧开，或者为什么要炖一段时间。要知道，把洋葱和大蒜蒸熟会为口感的形成奠定基础；把酱汁煮沸，能够分散配料；再用文火煨一下，会使它们的味道融合在一起。理解了这些之后，你就能更好地把握你的餐食准备过程。

最重要的是，理解了这些概念，就更容易在其他完全不同的菜肴（羹、烩菜、肉汁，甚至是基本的清汤和汤料等）中识别和使用这些技巧。

更进一步说，了解科学过程的精确细节，可以为你打开一扇门，让你接触到完全不同的食物，而不只是液体食物——换句话说，它能让你接触到你能想到的任何食物。如果你知道哪些口味容易冲突、哪些口味容易互补，就会大幅度领先于只是记住菜谱的厨师。

这个模板非常容易复制。举例来说，小企业主在计算税收预算时，若是了解了税收的概念以及税收收入如何分配，那么他们就可以把预算算得更加精确；音乐家在给电子鼓编程时，若是理解节奏在歌曲中的角色，就可以更好地编程电子鼓；国际象棋选手如果理解了总体策略之间的差异，那么比起学习每个棋子应该怎么走，他更能受益；哪怕就是洗衣服，假如人们知道了冷水和热水如何以不同的方式影响衣物颜色，也能更少犯错，使衣服少毁几件。

不管是什么任务，你都可以学习它们的细节，甚至适当地执行几次。而知道将它们联系在一起的原则和思想，就是一种保存和记住这些事实或技能的更有效方法。当你需要学习新东西时，你很可能会使用自己已经掌握的概念来构建新知识。

以上所说的就是学习启发法，它与概念学习法十分相似。启发法描述一种思维或行为模式，它能划分信息的类别并构建它们之间的关系；它接受我们对世界的先入之见，并将这些作为解释和分类新信息的一种手段。

例如，在生日聚会上，你的表现很可能不同于在葬礼上的表现（我们希望如此，反过来也一样）。对于你在这两种局面下或其他任何局面下该如何处理以及要表现怎样的行为，是有一些"规范"的，而这些"规范"，都是由启发式规则赋予的。

为你将要学习的东西建立和理解启发式规则，总会对你大有帮助。不论怎样，要把概念和理解放在最前面，因为它们常常能协助你填补空白，让你在更短的时间内学得更多。

主动干预，塑造成长心态

最后这一点为本书画上了完美的句号，因为它阐明了第 1 章中列举的原则。你最终学到的是你相信你终会学到的。

换句话说，这说明你每天都带着自信、动力和完整的心态去学习。

美国斯坦福大学的卡罗尔·德韦克博士（Carol Dweck）在她的著作《终身成长：重新定义成功的思维模式》（*Mindset: The New Psychology of Success*）中阐述了她对学习态度进行了数十年研究的成果。德韦克认为，大多数人保持的是两种心态中的一种：固定心态和成长心态。

一方面，秉持固定心态的人们认为天赋和智力是天生的、具备遗传特征的。你要么有天赋，要么就没有天赋；你要么生来就有智慧，要么生来就没有智慧。你要么有能力学法语，要么就没能力学。你无法改变这个事实，因为这就是你的命运。你可以想象这将如何影响你对自学的努力和态度。

另一方面，秉持成长心态的人相信，才能、智力和能力都

151

可以随着一个人的成长而发展、提升。通过工作、努力和奋斗，一个人可以拥有才华或变得聪明。对于拥有成长型思维的人来说，失败不是致命的，只是学习曲线上的一个阶段而已。如果你能够做出努力，你的身上就会出现一些提高和改善，最终引起大量变化。这不过是一个长期的过程。

德韦克发现，持有固定心态的人往往把精力集中在成功概率高的任务上，这来自"看起来聪明"的愿望。他们远离那些需要付出艰苦努力的工作。他们避开障碍，无视批评，把他人的成功当成威胁。他们往往不去尝试新事物或进行实验，因为他们觉得，一旦涉足新的领域，失败就迫在眉睫。

德韦克断言，拥有成长心态的人更加开放，更乐于接受挑战。他们相信坚韧和努力可以改变学习的结果。他们坚持克服障碍，听取他人的批评反馈，并将他人的成功作为激励自己和学习别人的机会。

如何理解挑战、挫折和批评是你自己的选择。你可以用固定心态来解释它们，认为自己没有成功的天赋或能力，或者也可以用成长心态来利用这些障碍拓宽自己的眼界，从战略上更加努力，并且继续拓展技能。你也许能猜到哪一个更有利于你加快学习速度和接触新事物了；换句话说，你是不是已经知道哪一种心态在学习中是错误的？

德韦克在最具启发性的研究中探索了这些心态的形成过程。令人毫不奇怪的是，心态的形成可能在我们生命的早期就开始了。我在这里无意偏向弗洛伊德的观点（即我们的一切都是童年经历的结果），但毫无疑问，童年时期的自己与现在的自己，两者之间的联系比我们看到的更多。

在开创性的研究中，德韦克和她的同事给一些 4 岁孩子提供了两个选择：他们可以重新做一个简单的拼图游戏，也可以尝试难度更大的游戏。

结果，那些展示了固定心态的孩子们会尽量确保自己处于安全环境中。他们选择了简单的拼图，因为那些游戏能够肯定他们已经拥有的能力，而展示了成长心态的孩子认为重复做拼图很奇怪：为什么有人要反复拼同样的拼图，而不是学些新东西呢？

持有固定心态的孩子关注的是能够保证他们获得成功以及能够让他们看起来聪明的结果。而具有成长心态的孩子则想拓展自身的能力。对他们来说，成功的定义是变得越来越聪明。最终，具有成长心态的孩子做了他们想做的事情，因为他们并不一定担心各种可能性或失败。到了后面，德韦克的研究甚至变得更加有趣。她把成年人带到哥伦比亚大学的脑电波实验室，研究他们在回答问题和接受反馈时大脑的活动。

秉持固定心态的孩子只对反映他们目前能力的反馈感兴趣。他们对可能帮助自己学习和提高成绩的信息充耳不闻。令人惊讶的是，当他们回答错了某个问题时，他们根本没有兴趣去听正确答案是什么，因为他们已经把自己的答案贴上了失败的标签，不再面对它。

然而，具有成长心态的人会密切关注那些能够帮助自己获得知识和发展新技能的信息。对他们来说，回答错误并不可耻，对正确答案做出解释将对他们的发展大有帮助。秉持成长心态的孩子将学习摆在首要位置，而不是首先陷入要么成功、要么失败的二元自我陷阱之中。童年时期表现出来的东西，如果不加以处理，就会伴随我们一生。

幸运的是，无论一个人有多么根深蒂固的固定心态，这种心态也不一定是他们认为的一种永久状态。心态是可塑的，是可以由别人来教育和培育的。事实证明，老狗也能学新把戏。

德韦克和她的同事提出了一种他们称之为"成长心态干预"的方法。"干预"这个词可能会使这种方法听起来像是一场中年危机，但这种理念的美妙之处在于，所谓的"干预"，其实是一些调整，而这些调整真的微不足道：只要在人们的沟通中做出小小的变化（即使是最无害的评论），一个人的心态就会受到长期影响。不过，这也适用于你与自己的沟通。

以怎样的方式来表扬他人是这种方法的一个要点。要赞美一个人努力的过程（例如："我真的很感激你在这个问题上的努力"），不要赞美他们天生的特质或天赋（例如："你真聪明"），前者才是一种促进成长心态养成的简单而有力的方式。

对人们的才华的赞美，只会强化这样一种观念：成功或失败取决于与生俱来的、不可改变的、永远静止的特质。对人们努力的过程的表扬，是一种促使他们采取下一步行动的行为。你要强调的观念是：天赋并不重要，努力才最重要。

> 先天的不足，能靠后天的勤勉和专注弥补。可以说，努力可以弥补欠缺的天赋，甚至创造天才。

的确，我们当中一些精通多种语言的人似乎能在几天内学会一门新语言。但他们只是少数，每个学过一门新语言的人都要挣扎数月或者数年，而且很可能经历这么长时间的学习之后，他们口音和语法仍然很糟糕。然而，他们相信自己最终能够学好这门语言。哪怕在学习过程中打个嗝，也是旅途的一部分。

这不是一本关于心态的书，但是，如果你不相信我们讨论

的所有方法能带给你想要的结果的话，那么，这些方法将毫无
用处。自学首先要求你告诉自己，你希望在自学的领域出类拔萃，
仅仅因为你想要这么做；而不是基于你的过去、你所感知到的
才能或缺点，或者武断地限制了前进脚步的那些顽固观念，来
判断自己是否该这么做。无论你相信自己能够自学还是不能自
学，你都是对的。慢慢地开始，做起来，你会对自己在短时间
内的表现感到惊讶。

在追求自学和自我教育的过程中，你必须培养一些特定的技能与习惯。其中许多都源于一个简单的事实：没有其他人来监督你，你必须自己做。再说一遍，你必须既是学生又是老师。

计划、时间表和目标都应该在你的自学中占据重要位置。

事实上，所有这三件事情，应当是你一开始就要做的。从富兰克林身上学习，制定日常计划，简化决策过程，并制定一个实现目标的规划和作息时间表；确保你的目标具有足够的挑战性，足以激励你但又不至于让你失望，回忆一下 SMART 目标。

信息本身不会教给你知识。

你必须与你发现的材料进行"对话"，与之互动，以弥补缺少一位令你兴奋的老师或教授的不足。

你必须把信息抽取出来，可以通过提出批判性和验证性的问题来实现这一点——这么做的目的是获得理解、明确背景、找到观察视角，而不是寻求正确的答案。为你的研究对象找到细致入微的、立体化的观察视角是你的整体目标，只要把注意力集中在这一点上，你提出的问题就会很好地指引你继续学习。

研究。

这并不像去图书馆查阅一本图书或者搜索维基百科那么简单。你必须保证自己能够通过 5 个步骤找到你对研究对象完整和透彻的理解：搜集信息，筛选信息，发现模式，寻求不同意见，并且将它们综合起来。这一点与前面所述抽取信息的做法在本质上是一致的。

我们需要很强的自律能力，因为自学本身并不是一种快乐的追求。

这是工作。它会导致焦虑、压力和沮丧，最终使你放弃。想一想你的焦虑，把它们看作是终会过去的短暂的时刻。痛苦不会永远持续，你要么习惯它，要么消除它。在学习的过程中，你必须忍受偶尔的痛苦，这些都是可以接受的结果。

深入学习和表面学习是不同的。

深入学习来自对概念和模式的理解，并且常常取代浅层的表面学习。同样的道理也适用于另一对概念：试图记住一些东西和试图理解一些东西。如果你只是将概念和理解按优先级别进行排列，那么你就能自己填补某些空白知识。

在自学之前，你的心态必须是能够使你坚持自学的心态。

你要么拥有一种成长心态，要么拥有一种固定心态。前者认为，只要付出足够的努力，成长就会出现（成长 = 努力）；而后者则认为成长不是努力的结果，而是运气、命运或天赋（成长 = 运气）的产物。成长心态能够让你有效学习，因为它支撑着"你可以做到"的信念。不管你能不能做到，你都是对的。如果你认为自己最终达不到目标，那么世界上所有的方法都不会对你的学习产生影响。

自律和自我肯定使你学而有成

　　哈尔·埃尔罗德是美国炙手可热的人生教练，也是一个"有幸死过两次"的人。之所以说"有幸"，是因为他从巅峰跌落谷底、经历人生最大挑战后，用从中学到的东西，拯救了自己的生活。他是我相当佩服的一个同龄人，而他首创和坚持"神奇的早起人生拯救计划"（The Miracle Morning Life S.A.V.E.R.S.）的过程都会给我们带来很好的启发。

　　哈尔在 20 岁风华正茂时遭遇了一场严重车祸：折断的车顶棚直接切开他的颅骨，导致左眼窝骨骼碎裂，眼球差点挤爆；左前臂折断，肘部粉碎，断裂的骨头从肱二头肌刺出；挤压的中控台使他的骨盆碎成了三块，大腿骨对折，骨头刺穿了牛仔裤。他已经临床死亡，但还是奇迹般地被医生从死神手中拉回。

160

哈尔昏迷了 6 天、经历了 7 周康复治疗才重新学会走路，可记忆力的损伤却是永久性的，无论多长的治疗都无法完全复原。即便如此，哈尔仍在一年后重回工作证明自己。他也确实达到了职业顶峰：带出公司最好的团队，将年度最佳销售记录翻了一倍，还根据自己的经历写完了第一本书《早起的奇迹》——一本挤进过英文亚马逊排行榜前十名的励志书。

但第二次打击比车祸还要痛苦 100 倍。2008 年，成功人士哈尔被经济危机击垮，失业在家，负债将近 50 万美元。房租水电和柴米油盐使他无比焦虑，他几乎每天都想到了自杀。床成了他唯一的救赎，让他暂时逃避现实。

就在生活没法更烂的时候，一次晨跑和下面这条金句帮他逐渐走出抑郁：你的成功水平很少能超过自己的个人发展水平，因为你是什么水平，就会创造什么水平的成功。除非我们每天认真对待自己，努力创造自己的成功，否则上进心只会变成一种折磨。

为了回到积极状态，过上自律的生活，哈尔给自己规定了早起后 1 小时要做的 6 件事，也就是 S.A.V.E.R.S. "人生拯救计划"：

1. 心静（Silence）。主要是冥想，让自己减轻压力，使大脑保持冷静（5 分钟）。

2. **自我肯定（Affirmations）**。大声说出自我肯定宣言，不再自我怀疑。哈尔对自己的大脑损伤耿耿于怀，经常自我暗示记性不好。所以他的自我肯定宣言是：不要再认为自己的记忆力很糟糕；我的大脑很神奇，它拥有强大的自愈功能；我可以提高记忆力，但具体改善到哪种程度则完全取决于我的信心和决心；从现在开始，我要相信自己的记忆力将一天比一天更强（5分钟）。

3. **内心演练（Visualization）**。制作愿景板，想象成功后的激动人心（5分钟）。

4. **锻炼（Exercise）**。（20分钟）。

5. **阅读（Reading）**。精读一木之前看过的书并做笔记（20分钟）。

6. **书写（Scribing）**。感恩日记或者流水账都行。对哈尔来说，无论写什么，每个字都是疗愈（5分钟）。

如果你觉得一小时太长了，不用担心，哈尔还制定了一份6分钟简化版早起计划：

1分钟心静或冥想或感恩；

1分钟大声朗诵自我肯定宣言；

1 分钟畅想未来；

1 分钟写下感恩的事；

1 分钟读一页书；

最后用 1 分钟跑步、跳绳或者做俯卧撑。

另外，他的早起计划还可以更灵活：以 30 天或 90 天为一个周期翻新早起计划；尝试不同的冥想方式、定期更新愿景板；或者更新自我肯定宣言，匹配新的愿景。

一般人有个思维定式，认为养成任何一种习惯都需要 21 天的时间，但哈尔发现前 20 天只是培养新习惯最困难的时期，这时如果选择停顿而不是趁热打铁，那么之前的努力就会白白浪费。第 20～30 天才是享受和巩固新习惯的黄金期。

哈尔的早起计划已经帮助几百万人建立早起习惯，让一大批受众戒掉了烟瘾和毒瘾，有人甚至增加了一倍收入。那么，自学者是否还能从"人生拯救计划"中发现什么？我认为有三点。

第一，制定灵活、实际、方便操作的学习计划。如果前一周你已经掌握了 30 个新单词，下一周是否可以给自己加量？

第二，养成成长心态，相信自己通过努力和奋斗会变得越来越聪明。

第三，用 30 天把你的学习计划变成习惯，像富兰克林那样自律将不再困难。自律和自我肯定让哈尔凭借早起计划再次成功，相信制定了科学、合理的自学计划之后，你也会因为这两种品质学有所成。

The Science of
Self-Learning

9分30秒
学力提升指南

在阅读这些全书摘要之前，如果你愿意花 30 秒时间在亚马逊网站上给我留言，我会非常感激你！评论对于一个作家的生计极其重要，但却难以获得。有点奇怪，对吧？

尤论如何，我的书获得的评论越多，我就越有动力将我对写作的热爱延续下去。如果你对这本书有什么看法，请给我写一段评论，让我知道我的思路是正确的。

01 知识焦虑归因，让学习认知落地

自学是一种追求。它并不新鲜，新鲜的是它的可能性和可实现性。得益于互联网，世界现在就在你的掌握之中，我们有能力学习任何我们想学的东西。传统学习有一些积极的方面，但它也严重限制了我们的教育方法和我们丰富自我的方式。要解决这个问题，我们必须首先从自学中得到启示，理解阅读、温习以及求知欲之间的心态差异。

"学习成功金字塔"准确地概括了学习的三个层面，其中的两个层面通常被人们忽视，从而成为大多数人进行学习的巨大障碍。

第一层是信心，你必须对自己的学习能力充满自信，否则会变得沮丧和绝望。

第二层是自我管理，你必须能够自我调节冲动，做到自律，并且在重要时刻集中注意力。这就好比你可以把马牵到河边，但不可能强迫它喝水一样。

第三层是学习，大多数人往往拿起书就开始学习——这对他们是不利的。学习不仅仅是拿起一本书来读那么简单，至少在心理上是这样的。

自我激励与自我调节有关。这是自学的一个重要方面，因为在自学过程中，没有哪位老师能强迫你僵化地学习——你本人才是自己的老师。你既是老师也是学生，这就需要你激励自己去完成任务。让你自己朝着自学目标前进的内在动力有三个主要方面：自主、精通和使命（或影响）。无形的激励往往比传统意义上的激励更加强有力。

02

4项信息处理能力训练，把知识吃透

运用信息，换句话说，就是理解页面和屏幕上的内容，并在以后的时间里使其对你有用。简而言之，这就是学习，但是在传统的课堂环境之外，你应该接受一些最好的实践方法。

首先是 SQ3R 法，你一定要用上它。它指的是调查、提问、阅读、背诵、复习。这不仅是向一本书进军的过程，而且是向整个学科和领域进军的过程，也是你自学任何知识时要运用的规划。大多数人会使用 SQ3R 法的某些要素，比如阅读和复习，但如果没有其他要素作为补充，你既无法全面地对所学内容加深理解，也很难深入钻研你的研究对象。

其次是康奈尔笔记法，你一定要用上它。康奈尔笔记法将做笔记的过程分为三个部分：记笔记，写提示，撰写摘要。通过这种方式，你可以制定自己的学习计划，并根据自身需要提供尽可能多的细节。事实上，即使你已经把这些信息浏览了三遍，也没什么坏处。

　　最后是自我解释法，你一定要做好它。当我们被迫通过自我探究来解释概念时，会很快发现我们知道的和不知道的东西。不知道的东西，我们称为盲点，它们比你想象的要普遍得多。你能解释为什么天空是蓝色的或者重力如何发挥作用吗？虽然你认为你已经理解了这些概念，但你也可能还没有彻底掌握。费曼学习法是自我解释的一个分支，它也有助于发现盲点，而且增加了类比的方法来要求你解释你认为自己知道的东西。

03 4大高效阅读技巧，让思考升维

本章旨在传授如何快速阅读、同时记住更多信息的诀窍。这听起来像是一项艰巨的任务，因为你不太可能从学习字母的时候就很好地掌握了阅读技巧，也就是说，在那个时候你学得并不多。提高阅读速度有几个重要方面。

首先，你必须停止默读。所谓的默读，就是你在心里大声朗读单词。你思考和处理问题的速度比你大声读出来的速度更快一些。这意味着你必须思考单词的意义而不是发音。默读是一个很难改掉的习惯。

其次，你必须训练你的眼睛。毕竟，每只眼睛都有 6 块控制眼球运动的肌肉。必须通过两种方式来训练它们：少移动眼睛，并使用周边视觉看到更广阔的范围。

再次，你必须学会如何有策略地略读——跳过无用的词，专注于重要的词，忽略页面边缘的词。

最后，你必须了解你的注意力为何与阅读息息相关。给它应有的尊重，安排好休息时间，制造一些使自己能够更快阅读的游戏，并且消除干扰。

你是怎么读书的？本章最后一节详细介绍了艾德勒所阐述的阅读的 4 个层次。这些层次是初学、检索、分析和综合。我们大多数人只完成了前两个阶段，却没有深入接触学习材料并与之"对话"。而这两者，恰好是真正深刻理解的来源。

04 刻意练习，受益于终身成长

在追求自学和自我教育的过程中，你必须培养一些特定的技能与习惯。其中许多都源于一个简单的事实：没有其他人来监督你，你必须自己做。再说一遍，你必须既是学生又是老师。

首先，计划、时间表和目标都应该在你的自学中占据重要位置。事实上，所有这三件事情，应当是你一开始就要做的。从富兰克林身上学习，制定日常计划，简化决策过程，并制定一个实现目标的规划和作息时间表；确保你的目标具有足够的挑战性，足以激励你但又不至于让你失望，回忆一下 SMART 目标。

信息本身不会教给你知识。你必须与你发现的材料进行"对话"，与之互动，以弥补缺少一位令你兴奋的老师或教授的不足。你必须把信息抽取出来，可以通过提出批判性和验证性的问题来实现这一点——这么做的目的是获得理解、明确背景、找到观察视角，而不是寻求正确的答案。为你的研究对象找到细致入微的、立体化的观察视角是你的整体目标，只要把注意力集中在这一点上，你提出的问题就会很好地指引你继续学习。

研究。这并不像去图书馆查阅一本图书或搜索维基百科那么简单。你必须保证自己能够通过 5 个步骤找到你对研究对象完整和透彻的理解：搜集信息，筛选信息，发现模式，寻求不同意见，并且将它们综合起来。这一点与前面所述抽取信息的做法在本质上是一致的。

我们需要很强的自律能力，因为自学本身并不是一种快乐的追求。这是工作。它会导致焦虑、压力和沮丧，最终使你放弃。想一想你的焦虑，把它们看作是终会过去的短暂的时刻。痛苦不会永远持续，你要么习惯它，要么消除它。在学习的过程中，你必须忍受偶尔的痛苦，这些都是可以接受的结果。

深入学习和表面学习是不同的。深入学习来自对概念和模式的理解，并且常常取代浅层的表面学习。同样的道理也适用于另一对概念：试图记住一些东西和试图理解一些东西。如果你只是将概念和理解按优先级别进行排列，那么你就能自己填补某些空白知识。

在自学之前，你的心态必须是能够使你坚持自学的心态。你要么拥有一种成长心态，要么拥有一种固定心态——前者认为，只要付出足够的努力，成长就会出现（成长＝努力）；而后者则

认为成长不是努力的结果，而是运气、命运或天赋（成长 = 运气）
的产物。成长心态能够让你有效学习，因为它支撑着"你可以做
到"的信念。不管你能不能做到，你都是对的。如果你认为自己
最终达不到目标，那么，世界上所有的方法都不会对你的学习产
生影响。

海派阅读
GRAND CHINA

READING
YOUR LIFE

人与知识的美好链接

20 年来，中资海派陪伴数百万读者在阅读中收获更好的事业、更多的财富、更美满的生活和更和谐的人际关系，拓展读者的视界，见证读者的成长和进步。

现在，我们可以通过电子书（Kindle、掌阅、阅文、得到等平台）、有声书、视频解读和线上线下读书会等更多方式，满足不同场景的读者体验。

关注微信公众号"**海派阅读**"，随时了解更多更全的图书及活动资讯，获取更多优惠惊喜。读者们还可以把阅读需求和建议告诉我们，认识更多志同道合的书友。让派酱陪伴读者们一起成长。

了解更多图书资讯，请扫描封底下方二维码。 ✿微信搜一搜 🔍 海派阅读

也可以通过以下方式与我们取得联系：

📖 采购热线：18926056206 / 18926056062   📞 服务热线：0755-25970306

✉ 投稿请至：szmiss@126.com   🌐 新浪微博：中资海派图书

更多精彩请访问中资海派官网   〔 www.hpbook.com.cn 〕